JN436647

영화로 이해하는 사회복지이야기

김현경 지음

KNOWLEDGE COMMUNITY 공동체

머리말

최근 사회복지 영역은 다양성으로 확대되고 전문화되고 있는 추세이다. 이에 사회복지를 전공하고 있는 학생들에게 전문영역을 좀 더 쉽게 이해하고 접근할 수 있는 학습방법이 끊임없이 고안되고 있다. 저자는 이러한 고민을 영화라는 시사적 매체와 연계하여 사회복지 임상 및 정책을 학부전공생에게 흥미롭게 전달하고자 하였다.

전반적으로 총 10개의 장으로 구성된 이 책의 개괄적 주제는 다음과 같다. 범죄피해자가 인식하게 되는 용서의 본질에 대한 이해, 북한이탈주민의 생존의 고통으로서의 고문과 치유, 동물복지에 대한 새로운 시선, 학교폭력의 한계 뛰어넘기, 아동 성폭력의 오늘과 미래, 이주노동자 가족의 삶, 사회적 취약계층의 인권, 존엄한 죽음의 조건, 이주문화 동화과정의 상처, 노년기 생활 예측을 중심으로 구성되었다.

특히 이 책에서는 인간을 주제로 하는 사회복지 영역을 뛰어넘어 타 생명체의 소중함을 의도적으로 강조하고자 하였다. 이에 기존 사회복지 영역에서 다루고 있지 못한 동물복지에 관한 관심 및 동물매개치료 등을 주제의 일부로 다

PREFACE

루고 있다. 인간만을 위한 사회복지가 아닌 타 생명체와의 조화로운 관계가 인간의 심리사회적 환경을 얼마나 풍요롭게 할 수 있는지 생각해 볼 수 있는 기회를 가져보고자 하였다. 이러한 저자의 의도가 현재 및 향후 사회복지를 전공하는 이들에게 조금이나마 전달되길 원하는 바이다. 또한 이 책이 출간될 수 있도록 기꺼이 도와주신 공동체 출판사 사장님 이하 임직원 분들께 진심으로 감사한 마음을 전하고자 한다.

2014. 2.

저자 김 현 경

차례

CHAPTER 01 오늘 : 용서의 본질을 이해하다

CHAPTER 02 48M : 북한이탈주민의 생존의 아픔을 알리다

CONTENTS

C O N T E N T S

01 CHAPTER

오늘 : 용서의 본질을 이해하다

1. 용서의 개념 정의

2. 용서관련 국내외 문헌연구

3. 범죄피해자(희생자)의 정신건강

4. 용서와 외상 이후 심리적 성장(posttraumatic growth)

5. 용서의 실제 사례를 적용하여

CHAPTER

01 오늘[1)]: 용서의 본질을 이해하다

'죄인들은 자기 죄를 깨달아야 하지 않나요? 그런데 자기 죄를 알지 못하는 살인자를 왜 제가 용서해야 했나요!' 사랑하는 약혼자가 떠나고 1년 후, 그녀가 알게 된 진실… 자신의 생일날 약혼자를 오토바이 뺑소니 사고로 잃은 다큐멘터리 피디 다혜. 용서하면 모두가 행복해질 거라는 믿음으로 가해자 소년을 용서하고 1년 후 용서라는 주제로 다큐멘터리를 기획하여 다양한 사건의 피해자들을 찾아다니며 촬영을 시작한다. 촬영이 진행될수록 자신이 용서해 준 17살 소년을 떠올리게 되는 다혜. '착하게 살고 있겠지'라는 생각으로 담담히 촬영을 진행하던 중 우연히 전해들은 그 소년의 소식에 커다란 충격에 빠지게 된다. 자신의 용서가 뜻하지 않은 결과를 불러오면서 겪는 한 여자의 혼란과 슬픔, 그리고 그 끝에서 찾아낸 찬란한 감동을 그린 영화 '오늘'은 현대사회에서 피해자들에게 강요되는 용서와 그 안의 부조리를 한 여자의 상처를 통해 그려낸 이야기라고 할 수 있다(네이버 영화 홈페이지, 2013).

일반적으로 범죄로 인해 심리적 충격을 받은 피해자들에게 가장 나쁜 영향을 미치는 대표적인 부정적 정서는 분노 및 한(恨), 수치심 등을 들 수 있다. 범죄로 인한 심리적 외상 이후 피해자들은 정의로운 세상에 대한 가정이 무너지면서 세상을 원망하게 되고 분노하게 된다. 원한과 한탄이 뒤섞인 한(恨)은 심

1) 2011년 이정향 감독의 영화

리적인 불균형 상태를 초래하여 신체 및 정신 건강에 해를 끼치게 된다. 수치심 역시 자존감을 위협하고 손상시켜 희망을 앗아가는 무기력감 및 무망감에 빠지게 한다(오영희, 1995; 2006; 2010). 이에 문학, 신학, 철학, 심리학 등에서는 인간이 경험하게 되는 고통스러운 심리 · 정서상태가 '용서'라는 치료적 요인을 통해 긍정적으로 변화될 수 있다고 주장하고 있다(Enright and Fitzgibbons, 2000; McCullough, 2000). 이렇게 용서는 심리적 충격 회복에 중요한 의미를 가지는 치료적 요인이나 사회복지실천의 관점에서 연구된 바는 드물다. 또한 범죄피해자를 대상으로 용서를 적용한 연구 역시 드물다. 따라서 이 장에서는 범죄피해자 개인 및 가족의 심리적 충격과 고통이 '용서'를 통해 어떻게 치유되어가는지 그 체험적 현상에 대한 의미와 구조를 밝히고자 한다. 이는 범죄피해자의 정신건강 회복 및 삶의 질 향상에 기여하게 되는 사회복지사의 이해의 지평을 넓혀 사회복지실천분야의 기초자료를 제공함과 동시에 심리적 외상에 대한 실천적 개입의 확대를 목적으로 한다.

1. 용서의 개념 정의

학자들 간에 '용서'라는 단어는 다양하게 정의되어왔다. 용서는 피해자와 가해자의 관계에 대한 사랑과 신뢰의 가능성을 회복하려는 노력(Hargrave and Sells, 1997), 대인관계에 대한 동기가 친사회적으로 변화하는 것으로서 가해자에게 보복하거나 회피하려는 동기가 감소하고 자애를 향한 동기가 증가하는 것(McCullough, Rachael, Sandage, Worthington, Brown and Hights, 1998), 상처받은 사람이 가해자에 대한 분노나 적대감을 버리고 오히려 그 사람에게 동정과 자비, 사랑을 베풀고자 노력하는 복합적인 심리과정으로서 가해자에 대한 부정적인 정서(분노, 증오, 원한 등) · 행동(복수, 처벌 등) · 인지(비판, 비난 등)를 보다 긍정적인 정서(부정적 감정의 소멸, 동정심, 사랑) · 행동(화해하고자 함, 도움을 주고자 함) · 인지(비심판적, 상대가 잘되길 바람)로 바꾸는 과정(Enright and Human Devel-

opment Study Group, 1996)이라고 밝히고 있다. 이경순(2002)은 용서개념에 대한 질적 연구를 통해서 마음의 상처로 고통스러울 때 용서가 시작이 된다는 점, 용서를 통해 상처가 치유된다는 점, 용서는 인간의 힘만으로는 불가능하다는 점, 용서는 시간을 필요로 한다는 점, 스스로 결심하여 실천하려는 자발성, 서로가 용서할 때 진정한 용서가 이루어진다는 호혜성을 용서개념의 속성으로 주장하였다. 이렇게 용서는 다른 사람에게 부당하고 심각한 상처를 받았을 때 효과적으로 사용할 수 있는 문제해결방법이라 하였다. 한국 민족 고유의 정서인 한이 그러한 경우이다. 용서는 쉽게 잊어버리거나 무시할 수 있는 사소한 상처보다는 신체와 정신건강에 치명적인 영향을 미칠 만큼 심각한 상처를 치료하는 데 더욱 효과적이라고 한다(오영희, 1995; Enright and Fitzgibbons, 2000). 하지만 용서는 화해와는 구분된다(오영희, 2010; Worthington JR., 2005; Enright and Fitzgibbons, 2000). 용서는 개인 내면에서 홀로 이루어지는 내적 치유과정이지만, 화해는 상대방과 문제를 해결하려는 외적 행동과정인 것이다. 따라서 용서는 홀로 가능하지만 화해는 대상을 필요로 한다. 그리고 용서란 화해의 가능성을 열어놓지만, 화해는 용서보다 더 많은 조건을 필요로 하는 것이다.

2. 용서관련 국내외 문헌연구

다양한 개인들과 공존하고 있는 우리는 일상에서 분노나 적대감, 짜증스러움 등의 부정적인 감정을 느끼게 된다. 이러한 경우 자신에게 심리적 상처를 준 가해자에게 복수하거나 피하고 싶은 충동을 갖게 된다. 과거 역사와 문학, 종교, 철학, 드라마에서 보여주듯 복수는 또 다른 복수로 이어져 개인적 · 가정적 · 사회적 고통과 충격으로 연계되기도 한다. 하지만 피해자가 가해자에 대한 분노와 복수심을 내려놓기로 선택하면서 악순환의 고리를 끊게 되고, 상처받은 현실이 과거와 동일한 상태는 아닐지라도 회복과 치유의 방향으로 전환가능하게 된다는 것이다. 이러한 심리적 기제를 갖고 있는 용서에 관한 연구들은 1980년

대부터 심리학적 접근으로 시작되었다. 하지만 그 경험적인 연구결과들은 최근 몇 해 전부터 쌓이고 있는 실정이다.

오영희(2010)는 다양한 학자들을 인용하여 용서의 긍정성을 강조하였다. 용서는 개인의 적극적인 자기치유와 회복을 통해 억울하게 입게 된 깊은 내면의 상처를 치료해 주고 건강하고 행복한 삶을 살도록 도와준다(Enright and Fitzgibbons, 2000). 또한 대인관계를 치유하는 용서는 갈등과 상처로 파괴된 인간관계를 회복시켜 사회적 상호작용을 바람직한 방향으로 이끌어 준다(Gouldner, 1973). 그리고 가족을 잔인하게 살해한 가해자를 용서한 사람들은 가해자와 화해를 시도하기도 하고, 더 나아가 사형제도 폐지와 회복적 사법정의(restorative justice) 운동에 참여하기도 한다. 이는 특정 범죄와 관련된 모든 당사자들, 즉 피해자, 가해자, 관련가족들 등이 함께 참여하여 범죄로 인한 피해와 후유증을 건설적인 방식으로 해결하려는 새로운 시도인 것이다(김준호 외, 2003). 따라서 용서는 특히 부당하고 깊은 상처를 받았을 때 효과적으로 사용될 수 있는 문제해결방법이다. 용서는 분노, 우울, 불안, 상처를 준 사람에 대한 집착, 충동적인 행동, 강박적인 사고와 행동을 감소시키고, 희망, 자존감, 정서적 안정성, 분노감정의 통제, 부부와 가족관계를 향상시킨다(박종효, 2006; 오영희, 2004, 2007; Enright and Fitzgibbons, 2000).

손운산(2009)은 용서에 대한 심리치료적 이해를 설명하였다. 용서과정을 처음 제시한 사람은 Jeffrey Brandsma(1982)이며, 그는 용서를 세 단계 과정으로 제시하였다. 첫째는 피해자가 편안하고 위협적이지 않은 분위기 가운데서 상처를 다시 경험하는 단계이다. 둘째는 용서하는 사람이 가해자의 입장에서 가해자를 이해하는 단계이다. 셋째는 분노와 원한을 해소하고 복수나 보복을 포기하는 단계이다. 현재 용서관련 모델은 16개 정도 있으나 피해자의 원한극복에 초점을 두는 Enright, Freedman and Rique(1998)의 모델, 가해자에 대한 공감을 강조하는 Worthington(1998; 2003) 모델, 상처로 흔들린 피해자의 신념체계의 재형성을 강조하는 Flanigan(1994) 모델로 크게 구분된다. 용서는 인간의 정서와 안녕에 긍정적인 변화를 가져오고, 신체 및 정신 건강을 증진시켜 개인

의 통제력을 회복시킨다는 주장과 함께 이에 대한 경험적 연구가 진행되었다. 따라서 용서와 건강을 관련시킨 연구도 다양하다. 신체건강으로서 용서하지 않은 반응 중 하나인 적대감은 심장질환과 조기사망을 유발하는 독립 위험요인으로 밝혀졌다(Miller, Smith, Turner, Guijarro, and Hallet, 1996; Witvliet, Ludwig and Vand der Laan, 2001). 또한 용서성향이 많을수록 스트레스 호르몬인 코티졸 수준이 더욱 낮아졌다고 한다(Berry and Worthington, 2001). 심리적 건강의 경우 용서하는 사람은 분노, 적대감, 우울, 불안과 같은 부정적인 감정의 경험 정도가 낮았다(김기범 · 임효진, 2006; 오영희, 2007; Mullet, Neto and Rivere, 2005). 근친 성폭력을 겪은 여성들을 대상으로 용서 프로그램을 실시한 결과 우울과 불안이 감소되었고, 자존감이 향상되었으며(Freedman and Enright, 1996), 아내의 유산결정으로 상처를 받은 남편들의 분노, 불안, 우울 수준이 감소하였다(Coyle and Enright, 1997). 또한 Al-Mabuk et al.(1994)은 용서는 강력한 치료체계로서 상처받은 개인의 심리적 건강과 안녕의 회복을 가져오며, 성장을 증진시키고 창조성과 활력을 강화하여 진정한 자유를 얻게 한다고 하였다. 그리고 Reed and Enright(2006)는 용서효과에 대하여 배우자로부터 정서적 학대를 받은 여성들이 비교집단에 비하여 자존감, 환경에 대한 통제감, 삶의 의미 찾기 등의 긍정적인 요소에서 의미있는 향상을 보였다고 제시하였다. 반면 우울, 불안, 외상 후 스트레스 증상 등의 부정적인 요소들에서는 유의미한 감소가 있었음을 밝혔다.

용서란 잊어버리거나, 묵인하거나, 참아주는 것이라고 변명하거나, 부인하는 것과는 다르다. 용서는 단순히 사건에 대한 망각을 요구하는 것이 아니다. 오히려 고통스러운 과거의 사건을 잊어버리려고 노력하기보다 그것을 기억함으로써 행동, 인지, 정서를 통합시켜 보다 긍정적인 행동, 인지, 감정으로 대치하는 복합적인 과정이다. 용서는 이미 발생된 사건을 수용하는 것 이상이며, 계속해서 접근을 시도하여 강압이 아닌 자발성으로 가해자를 향한 태도와 행동에 대한 선택으로 이해되었다. 피해자는 용서과정에서 분노와 고통을 회피하고 부인하기보다 직면하고 수용하게 되면서 오히려 의미를 발견하게 되고 용서의 역설을 경험하게 된다. 이러한 용서과정을 개방(uncovering), 결심(decision), 활동(work), 심화(deepening)의 과정적 개입모델로 설명하고 있다(Enright, 2001). 또한 용서에 관한 연구는 타인에 대한 용서라는 전통적 개념에서 확장되어 자신에 대한 용서, 신에 대한 용서(Exline, Yali, and Lobel, 1999), 상황에 대한 용서(Thompson et al., 2005), 집단에 대한 용서(Wohl and Branscombe, 2005) 등 이론적으로 더욱 확장된 개념으로 발전되었다.

3. 범죄피해자(희생자)의 정신건강

만일 개인이 강도, 폭력, 강간, 의도된 살인, 소매치기, 자동차 절도 등의 피해자가 되었다면, 그것이 바로 범죄피해자가 되는 것이다. 하지만 오늘날 범죄의 양상은 과거에 비해 더욱 잔혹하고, 비개인적이며, 이유를 알 수 없는 경우들로 변화되었다. 범죄인은 특정한 관계도 없는 낯선 개인을 폭행하기도 하고 합당한 이유도 없이 불특정 다수를 향해 공격을 가하기도 한다. 상황에 따라 범죄피해자는 자신이 피해자가 된 이유를 충분히 수용하기 힘들기 때문에 자기 자신뿐 아니라 자신이 속한 사회에 대한 믿음을 상실하게 될 수 있다. 또한 외상 후 스트레스 장애(Post Traumatic Stress Disorder)를 포함한 정신과적 상처로서 급성 스트레스 반응을 보일 수도 있다. 이것은 감당하기 힘든 끔찍한 사건의 피해자가 겪게 되는 일종의 불안장애로서 생명을 위협하는 심각한 상황에서 심리적 충격을 받은 후 일어나는 정신장애증상을 통칭한다. 범죄피해자는 몇 단계의 지각적인 스트레스 반응을 보이게 된다. 첫 번째는 흔히 범죄발생 동안, 그리고 그 직후의 충격단계(shock stage)이다. 이것은 신체 · 정서적으로 감각이 없거나 멍해지며 부정하는 방어기제를 나타낸다. 두 번째는 흔히 반복재생단계(recoil stage)라고 한다. 이때 피해자는 범죄의 현실과 의미를 흡수하기 시작하는데, 이때 범죄피해자 개인 및 가족은 재경험, 회피, 과다각성과 같은 증상을 나타낸다. 재경험이란 반복적으로 사건이 생각난다거나, 마치 그 사건이 일어나

고 있는 것 같이 행동하거나 느끼는 경우 등이 해당된다. 회피는 사건과 관련된 생각이나 대화를 피하거나 그 사건의 중요한 부분을 회상하지 못하기도 한다. 전과는 달리 반응이 둔화되어 활동이나 흥미가 감퇴되고 정서적으로 위축된다. 과다각성은 불면증, 분노의 폭발, 집중력 감퇴, 놀람반응 등 각성상태가 증가된다. 이런 증세는 나아가 우울, 불안, 일상생활에서의 집중곤란, 흥미상실, 대인관계에서의 무관심과 멍청한 태도, 짜증, 놀람, 수면장애 등을 발생시키기도 하고, 정신적인 무감각과 부정기적인 피로감, 두통, 근육통 같은 신체증상이 동반되며, 흔히 기억장애, 공포, 공황발작, 미칠 것 같은 과잉행동, 심리적 위축으로도 나타난다. 장기적으로 이런 반응이 지속되면 결국 고혈압, 심장질환과 같은 심인성 장애로 발전될 수 있으며, 약물남용이나 알코올남용이 동반되기도 한다. 세 번째는 기인단계(attribution stage)이다. 범죄희생자 및 가족, 그들의 친구들은 어떤 이유로 범죄가 발생했는지 이해하려고 노력하게 된다. 비난은 대체로 범죄자와 희생자 모두에게 향하게 된다. 네 번째는 해결 또는 회복 단계(resolution or recovery stage)이다. 피해자의 정서적 균형은 되돌아오게 되는데, 이것은 범죄에 대한 정서적 고통이 어떠한 방식으로든 다루어짐으로써 임파워먼트를 느낀 것으로 볼 수 있다(신혜섭, 2010; Matsakis, 1999).

4. 용서와 외상 이후 심리적 성장(Posttraumatic growth)

외상 이후 심리적 성장이란 외상사건으로 고통을 경험한 개인이 삶에 대한 감사, 새로운 가능성, 개인적 강인성, 영성, 그리고 대인관계에서 타인을 배려하고 이해하게 되는 심리적 성장을 인식하게 된다는 개념을 갖는다(Tedeschi and Calhoun, 1995). 이와 관련하여 2001년 9월 11일 오클라호마 테러폭발의 생존자와 가족들의 용서와 외상 이후 심리적 성장에 관한 연구결과를 제시하고자 한다. 생존자와 가족들은 고통 중에서도 그들의 상처를 극복하고 영혼을 치유하려고 분투 노력하는 동시에 가해자인 Timothy McVeigh의 재판과정과 싸워

나가야 했다. 물론 테러사건 이후 생존자와 지역공동체의 치유를 향한 움직임은 여전히 진행되고 있다. McVeigh의 사형선고가 대중에게 알려졌을 때 미국 변호사 사무실에서는 1,100명의 생존자와 가족들에게 개인적으로 사형에 참관하고 싶은지 물었다. 사형집행장소에 가지 않는다면 오클라호마 시의 폐쇄회로 TV로 볼 수 있는 기회가 제공될 것이라고 했다. 임박한 사형집행은 일부에게 반감을 불러오기도 했으나 대다수는 정의실현으로 McVeigh가 사형된다면 생존자와 가족들이 잘 지내게 될 것이라고 느꼈다. McVeigh가 사형된 후 참여자들에게 개인의 감정에 대한 질문을 하였는데, '① 안도감을 느낀다, ② 이제 종결되었다고 느낀다, ③ 정의가 실현되었다고 느낀다, ④ McVeigh에게 사형은 너무 가벼워서 화가 난다, ⑤ 아무 감정도 없다, ⑥ 기타'에 응답하도록 하였다. 이때 ⑤번을 선택했던 개인의 경우 다른 응답을 선택한 개인에 비해 외상 후 심리적 성장이 유의미하게 낮게 보고되었다. 이유는 테러참사의 직접적인 피해자가 가해자의 사형에 대해 아무 감정도 없다는 것은 가해자의 사형집행에 대해 거의 생각하지 않았을 가능성을 나타내는 것이기 때문이다. 인지적 처리는 외상 후 심리적 성장을 깨달아가는 과정으로 중요하다고 할 수 있다(Calhoun and Tedeschi, 2006: 311-333). 외상을 경험할 때 우리는 자신과 삶에 대한 의미를 찾기 위해 기존의 스키마를 변화시키거나 재창조하게 된다. 따라서 새로운 정상성(new normal)을 구축하기 위해 개인은 반추(rumination)라는 인지적 처리과정으로 외상 이후 심리적 성장을 깨달아가는 것이다. 이러한 재구성 과정이 없다면, 생존자의 경험은 고요하고, 통합되지 않은 상태, 타인으로부터의 지지가 개입되지 않았던 이야기로 남게 되는 것이다(Neimeyer, 2001). 오클라호마 테러폭발사건 이후 Full-PTSD 진단을 받은 참여자들이 PTSD로 진단되지 않은 참여자들에 비해서 유의하게 외상 이후 심리적 성장수준이 높은 것으로 보고되었다. 또한 PTSD로 진단받는 개인은 남성보다 여성이 더 많았는데, 여성들의 외상 이후 심리적 성장이 남성보다 유의하게 높은 것으로 나타났다. 하지만 용서와 외상 이후 심리적 성장(posttraumatic growth) 간에 유의한 상관관계는 없었다(Calhoun and Tedeschi, 2006: 314-318). 또한 용서는 두 개의 차원, 즉 정신 내적

(intrapsychic) 용서의 차원과 대인 간(interpersonal) 용서의 차원으로 구분되고 있다. 정신 내적 차원의 용서는 정서와 인지적 측면과 연계되나, 대인 간 용서는 사회적 또는 행동적 측면과 연계된다. 만일 개인이 정신 내적인 용서 없이 대인 간 용서를 시도한다면 결국 참된 용서를 얻지 못하게 될 것이다. 용서는 내적 감정에서의 변화 이상이며, 가해자에 대한 개인적 생각과 행동을 변화시키려는 의식적 결심인 것이다. 그렇게 함으로써 판단이 이해로, 분노가 사랑으로, 불안이 평안함으로, 갈등이 협력으로 변화되는 것이다(Enright and Fitzgibbons, 2000).

〈제목 : 나목의 사랑〉

나는 몹시 목이 타는 나무/ 전혀 가라앉지 않은 지독한 갈증을…
물길을 찾지 못하겠기에/ 나의 뿌리는 온 땅 구석구석에서 앓습니다…
누군가를 향해 폭발하고 싶지만/ 차마 그러지 못하는
내 안에서부터의 찢기는 통증으로/ 끝내 온몸이 갈라집니다.
자양분이 사라진 바싹 마른 나무가 되어/ 벌거벗은 맹숭한 가지로
몸통이 쩍쩍 갈라진 후에야/ 문득 따뜻한 시선이/ 내 몸을 감싸고 있음을
느낍니다…
이제사 알아봅니다./ 나보다 먼저 더 찢겨져 있던/ 또 다른 나목입니다.
내 아픔은 진정되고/ 내 몸은 서서히 기운을 찾습니다.
내가 이렇게 서 있고/ 아직은 분명히 베어지지 않았기에
어쩌면 그 나목에게/ 작은 기쁨이 되어줄지도 모르고…/ 행복합니다.

〈이은숙(2004). 내 안에 빛이 있다. 고요아침〉

5. 용서의 실제 사례를 적용하여

본 저자는 60분으로 구성된 다큐 SBS스페셜 '용서 : 그 먼 길 끝에 당신이 있습니까?(2007.12.23)'라는 자료의 텍스트를 참고로 하여 '가족의 죽음을 목격한 범죄피해자의 심리적 외상(trauma) 이후 용서체험은 어떠한 것인가?'를 탐색해 보고자 하였다.

> 어머니와 처자식을 죽인 유영철을 그냥 찢어 죽여버리고 싶고 갈아 마시고 싶은 … 용서한다면서도 참 … 겉으로는 그래도 속으로는 용서가 쉽게 빨리 안 되더라고요. 용서하면서도 때로는 그냥 참 나쁜 놈, 죽일 놈, 죽으려면 너나 죽지 … 이런 생각 … 그건 죄가 아닙니다 … 내 안에 자연스럽게 일어나는 분노이기 때문에 죄도 아니거든요. 굉장히 자연스러운 감정이거든요. 예수님도 성전에서 막 분노하셨잖아. 그것들을 적절하게 잘 풀어가는 게 중요한 거지요. 일어나는 자체는 나쁜 게 아니거든요. 억누르면 진짜 병이 들고 … 내가 어떤 푸는 방법들을 만드는 거지요. 억누른 분노를 제대로 표출하는 것은 치유의 한 과정입니다.
>
> 용서가 한순간에 이루어지는 건 아닙니다. 용서도 과정이에요. 지금 이 순간까지도 그 과정은 내 삶에서 계속되고… 비록 내가 살인자들을 용서했지만 여전히 저는 그 순간의 분노를 가지고 있어요. 예전만큼 자주는 아니더라도 분노를 느낄 때가 있습니다. 지금은 그 시간이 일 분을 넘어가지 않죠. 그런 맥락에서 용서 역시 하나의 과정이라고 하는 것이고요.
>
> 신부님 일행과 미국 텍사스 주 휴스턴에서 열리는 희망여행이라는 캠프에 열흘간 참가했는데 1년에 한 번씩 미국 전역을 돌면서 열리는 캠프라고 합니다. 희망여행은 1991년 3월 텍사스에서 살인피해자 유가족들이 만들어서 시작된 모임이었지요. 희망여행에서 사형수 어머니를 만났는데 자식의 마지막 가는 길을 지켜주고 싶어서 사형집행에 참관 … 그건 견딜 수 없는 장면인데 … 그 후 심리상담만 2년간 받았답니다. 억울하게 사형수로 복역하다가 무죄로 풀려난 슈자 씨

도 만나면서 … 나도 유영철을 용서해 주고 내 마음을 정리하고 싶었던 거지요 … 피해자 가족들이 증오를 통해 얻을 수 있는 건 하나도 없어요. 증오한다고 해서 사랑하는 사람이 살아 돌아올 수 있는 것도 아니에요. 가해자 가족은 사회적으로 떳떳하지 못한 눈총을 받아가면서 살기 때문에 정말 피해자 가족보다 더 힘든 거예요. 신에게 사랑과 연민을 구하면서 … 자신의 치유를 위해 충분한 시간을 주는 것이 반드시 필요합니다.

범죄피해자의 심리적 외상 이후 용서체험은 참혹하게 살해되었던 가족 셋에 대한 고통스러운 기억의 상상화(imaging)와 가해자에게 복수하고 싶은 솟구치는 분노의 감정을 언어화(languaging)로 나타내었다. 가해자가 감옥에 있어도 피해자는 피폐함과 절망감 속에서 파편화된 현실을 감옥이라 여기게 되나 지속되는 복수심과 치유는 섞일 수 없다는 것, 그래서 살기 위해 용서라는 치유과정을 밟아야 한다는 가치화(valuing)를 표현하였다. 참여자는 종교생활을 시작하여 교인들로부터 위로받을 수 있었고, 희망여행(가해자 가족 – 피해자 치유모임)에 참여하여 범죄인을 가련한 한 인간으로 이해해 보며 고통을 보듬게 되고(powering), 용서의 실천으로 사형집행사면탄원서를 제출하지만(enabling) 범죄피해 생존가족으로부터 비난을 받게 되는 제한성(limiting)을 느끼게 된다. 하지만 동병상련의 고통을 겪는 이들을 위한 존재가 되길 원하니, 삶의 이유를 찾아 새로운 도전으로 과거를 깨어가는 변형성(transforming)을 보이고 있다.

범죄피해자의 심리적 외상 이후 용서체험의 발견적 해석은 ① 삭힐 수 없는 고통으로 몸부림 침, ② 추스려야 할 현실을 버리지 못해 소멸과 재생을 반복함, ③ 고착된 심리적 외상을 떨치고자 함, ④ 자기(self)의 길로 들어서기 위한 에너지 추구라는 네 개의 핵심개념으로 추출되었다. 네 개의 핵심개념은 '삭힐 수 없는 고통으로 몸부림치나, 추스려야 할 현실을 버리지 못해 소멸과 재생을 반복하다가 고착된 심리적 외상을 떨치고자 하면서 자기(self)의 길로 들어서기 위한 에너지를 추구하는 것'이라는 하나의 구조로 나타났다. 추출된 구조를 체험의 구조로 전환시키면 '분쇄되고 고갈된 정서상태에서 번갈아 흩어지는 삶과 죽음 속에서 자신과 대상을 깊게 용서하는 여유와 생존의 이유를 찾게 되니 고통을 보듬으며 삶의 연속성을 밟아가는 것'으로 정리되었다. 위의 발견적 해석의 결과인 네 개의 핵심개념을 구조적으로 전환시켜 개념적으로 통합시키면 다음과 같다.

첫째, 참여자는 '삭힐 수 없는 고통으로 몸부림 치는 체험'을 하였다는 점이다. 가족이 살해당하는 처참한 상황에 직면하게 되자 '정서상태는 급속하게 분쇄되고 고갈되어' 버린다. 목격했던 가족살해현장을 심상으로 재경험하게 되면서 당시의 끔찍했던 상황들이 상상화(imaging)되고, 피폐하게 조각나버린 억울한 현실을 수용할 수 없기에 '가해자를 찢어 죽이고 싶다'는 언어화(languaging)에서 유추할 수 있듯이 솟구치는 분노와 보복의 충동을 조절하기 힘겹다는 것을 알 수 있다. 또한 외상 후 스트레스로 불면상태, 악몽, 잦은 놀람, 자살충동 등을 나타내고 있다.

둘째, 참여자는 '현실을 추스르고자 하지만 고통으로 소멸과 재생을 반복한다'는 점이다. 참여자에게는 삶 자체가 끝없는 고통이었다. 시간이 경과하면서 자신을 지탱하기 위해 분노의 감정을 억제하면서 현실을 추스르고자 하나, 순간적으로 솟구치는 분노와 원망, 증오와 복수의 감정은 소멸과 재생을 반복하게 된다. 그러한 감정을 내려놓고자 하나 결코 쉽지 않음을 알게 된다. 참여자는 감당하기 힘든 현재와 알 수 없는 미래에 등을 돌린 채 오직 상실로 가득한 과거에 고착되어 있는 것이다. 이렇게 '번갈아 흩어지는 삶과 죽음'의 시간을 보낸 후 현재를 살기 위해 선택해야 할 대안이 될 수 있는 그 무엇을 찾고자 한다. 그것이 바로 '용서'라는 일생 동안 진행될 수도 있는 힘겨운 과정이라는 가치화(valuing)로 나타나고 있다. '왜 피해자인 내가 가해자를 용서해야 하는가?', '도대체 왜?'라는 의문에 봉착하게 된다.

셋째, 참여자는 '고착된 심리적 외상을 떨치고자 한다'는 점이다. 참여자는 용서받을 자격이 없는 가해자이지만, 자신의 현재를 더는 피폐하게 방치할 수 없기에 고착된 외상을 떨치고자 복수의 대상인 가해자를 오히려 인지적으로 이해해 보고자 시도한다. 이러한 시도는 자신이 이제까지 지탱해왔던 모든 삶의 토대가 흔들려 완전히 정지된 상태를 맞게 된 이후 종교단체 및 희망여행과 같은 주변의 지지적 대상들과의 연계를 통해 치유적인 긍정적 정서를 체험하게 된다. 그 내용과 정도에 따라 자기 존재에 대한 긍정, 희망과 포부, 활력과 의욕과 같은 정신적 에너지를 얻어가면서 가능해지는 것이다. 이로써 피해자 자신과 가해자(가족) 대상을 깊게 용서하는 여유를 갖게 되고 살아가야 하는 이유를 찾으면서 병리적으로 고착되었던 상처를 자기의 능력과 자원으로 바꿔나가려는 의지를 갖게 되는 것이다. 참여자는 가해자의 불행했던 양육과정을 알아가게 되고, 그러한 가해자(범죄인)를 배우자로 둔 아내와 그를 아비로 둔 자녀를 만나게 되면서, 그리고 치료적 공동체에서 경험하게 된 미국 오클라호마 도시폭파사건 범인의 부모를 만나게 되면서, 범죄인 가족들이 겪게 되는 고통 역시 피해자 가족들이 겪게 되는 고통과 다르지 않음을 공감하게 된다. 이러한 치료적 과정을 통해 용서의 가능성에 접근하는 인지적 변화가 가능해(enabling)지는 것이다. 그렇다고 해서 피해자와 가해자 간에 직접적인 화해로 연결되는 것은 아니라는 제한성(limiting)을 갖는다. 용서란 반드시 화해를 전제로 시도하는 것은 아니다. 그렇지만 용서는 피해자의 인지 · 정서에 치료적인 긍정적 영향을 주기 때문에 유용한 것이다.

넷째, 참여자는 '자기(self)의 길로 들어서기 위해 에너지를 추구'한다는 점이다. 참여자는 어렵게 시도한 용서라는 과정 동안 고통으로 흔들렸던 신념체계들을 점차 재구축하여 내적 갈등과 혼란을 잠시라도, 또한 천천히 내려놓음으로써 스스로를 평안하게 만들고자 의식적인 노력을 추구하였다. 이것은 악하고 비참한 환경과 경험 속에서도 의미를 발견하고 미래를 바라보며 새로운 방향으로 삶의 관점을 전환시키려는 내적 에너지인 것이다. 참여자는 이제 자신과 같은 고통을 체험한 대상자들을 동일시하며 그들의 삶에 기여할 수 있는 그 무엇을 실행하고자 과거의 고통을 보듬는 강화성(powering)을 발휘한다. 참여자는 사형을 선고받은 가해자를 대면함으로써 마음을 정리하고자 면회편지를 보냈다. 하지만 가해자로부터 스스로 용서받을 수 없는 죄인임을 통회하는 답신을 받게 됨으로써 오히려 사형집행면제탄원서를 제출하는 등 범죄피해 이전에

생각하지 못했던 새로운 자기를 발견해나가는 변형성(transforming)을 나타내었다. 이로써 피해자는 자신의 체험에 대한 과거와 현재 그리고 미래를 통합하려는 연속성을 발휘해나갈 수 있게 되었다.

이렇게 심리적 외상(psychological trauma)을 경험한 범죄피해자의 용서체험의 통합된 구조는 〈나목의 사랑〉이라는 시의 일부 내용을 통해 은유적으로 강화된다. 상징적으로 나무는 대지와 물, 영혼과 정신의 발달과 연결되어 소멸과 재생의 의미를 갖는다(최연숙, 2006; 원용숙, 2007). 이러한 상징을 적용하여 본 연구 참여자의 체험을 이해하고자 하였다. 본 연구 참여자는 범죄의 피해자로서 잎이 떨어져 앙상하게 달려있는 나목에 비유될 수 있다. 어느 날 갑자기 가족이 살해된 심적 고통은 몹시 목이 타는 나무, 가라앉지 않은 지독한 갈증을 느끼나 생존의 근원인 물길을 찾지 못하여 뿌리가 통째로 앓게 되는 나무에 비유되는 체험을 상상화(imaging)시킨다. 범죄피해자는 놀람과 분노, 증오심과 복수, 자살충동, 우울과 불안, 불면 등의 고통으로 가해자에게 자신이 느꼈던 것 같이 해주고 싶지만, 현실규범상 불가능하기에 고통을 삭이느라 찢기는 통증으로 온몸이 갈라지고, 양분이 사라진 바싹 마른 나무처럼 되어버린 심정을 언어화(languaging)하였다. 범죄피해자는 공동체의 치료적 지지에 힘입어 견디기 힘든 고통 속에서도 완전히 무너지지 않고, 아직은 완전히 베어지지 않은 나무와 같이 생명력이 남아있기에 다행이다. 범죄피해자는 현실을 추스르기 위해 고착된 외상을 떨치고자 가해자에게 용서라는 시선을 보내기로 결심하는 힘겨운 가치화(valuing)를 내면화하면서, 점차 정신 내적 에너지를 구축할 수 있게 되었다(enabling). 또한 범죄피해 생존자를 위해 그리고 경우에 따라 가해자에게도 작은 기쁨을 실천하려는 강화성(powering)과 새로운 관점에서 도전을 시도하게 되어 행복할 수 있다는 변형성(transforming)을 보여주는 것으로 정리되고 있다.

이 장에서는 범죄피해로 사랑하는 사람의 사망이라는 심리적 충격을 체험한 개인이 가해자를 용서해가는 과정을 분석해 보고자 하였다. 결과에 기초하여 몇 가지 사항을 논의하면서 실천적 함의를 제시하고자 한다.

첫째, 사회복지 임상실천의 적용 측면에서 용서의 특성과 과정에 대한 이해가 요구된다. 범죄피해자가 용서를 결심하고 실천하는 과정은 본 연구의 내러티브에서 파악할 수 있는 것처럼 범죄상황에 따라 상당히 힘겹고 고된 시간을 요구하는 평생의 과업이 될 수도 있다. 다양한 범죄(예 살인, 폭력, 강간, 방화, 간통 등)에서 나타난 파괴적인 행동에 대해 피해자는 분노, 공포, 복수심, 절망스러움, 수치심, 가해자를 피하고 싶은 욕구 등을 갖게 된다. 부당한 피해로 인해 피폐해진 삶 속에서 감당해야 하는 고통스러운 정서, 인지, 행동상의 반응들은 자연스러운 것이다. 허나 평생을 불행하게 살 수 없다는 인식에서 용서의 시도는 시작된다. 용서는 신체와 정신건강에 치명적인 상처를 받은 범죄피해 대상자에게도 유익할 수 있다는 점(오영희, 1995; Enright and Fitzgibbons, 2000)을 부정할 수 없다. 하지만 용서는 무조건 잊거나 참는 것이 아니다. 이에 Enright and the Human Development Study Group(1996)의 용서과정모델에 따른 노출(개방)–결정–작업–심화의 4단계를 본 연구결과에 적용해 보면서 논의한다면 다음과 같다. 노출단계에서 범죄피해자가 겪을 수 있는 심리적 충격인 외상에 가장 효과적인 치료방법은 인지행동적인 관점을 적용한 노출요법이라 할 수 있다. 이는 범죄로 인한 외상사건으로 인해 고착된 정서(분노, 공포, 복수심 등)를 직면하여 수용함으로써 그러한 정서로부터 해방되는 것이다. 또한 불공평한 세상을 이해함으로써 정의로운 세상에 대한 관점을 재구성하고자 한다. 이렇게 범죄피해에 대한 적극적인 인지적 재구성을 얻어내는 것이 가장 중요한 치료과정이라고 볼 수 있다. 결정단계에서는 과거에 적용했던 해결전략이 효과적이지 않았다는 새로운 통찰을 통해 마음의 전환점을 찾게 된다. 따라서 용서를 선택의 하나로 신중하게 고려하게 되고 가해자를 용서하기로 결정한다는 것이다. 작업단계에서는 가해자의 관점에서 상황을 바라봄으로써 가해자에 대한 공감과 연민을 느끼게 된다. 이에 고통을 수용하게 되고 가해자에게 은총을 줄 수 있게 된다. 심화단계에서는 고통과 용서의 과정 속에서 의미를 발견하게 되고, 과거에 자신도 다른 사람의 용서를 필요로 했음을 깨닫게 된다. 또한 자신은 더 이상 혼자가 아님을 인식하게 되고, 상처로 인해 자신의 삶에 새로운 목

표를 얻게 되었음을 깨닫게 된다. 결과적으로 부정적 정서는 감소하게 되고 긍정적 정서는 증가하게 되는데, 그러한 정서적 변화가 가해자를 향하게 되면서 내면적 해방으로 연계된다고 볼 수 있다. 하지만 용서가 곧 화해로 이어지는 것은 아니라는 점을 본 내러티브를 통해 확인할 수 있었다. 즉, 용서가 화해의 가능성을 열어놓을 수는 있으나, 용서와 화해는 구분된다(Worthington JR., 2005; Enright and Fitzgibbons, 2000, 오영희, 2010 재인용)는 사실을 뒷받침한다고 볼 수 있다. 본 연구자는 외상피해의 수준과 특성에 따라 용서를 구성하는 내용은 차이가 있겠으나 용서의 치료적 특성을 가정폭력 피해자, 학대경험자, 고문피해자, 북한이탈주민과 같은 난민이주자 등의 심리적 외상치료에 적용할 수 있게 되길 제시하는 바이다. 용서가 화해와 직결될 수 없다고 해도 내적인 변화와 치유작용으로 용서의 효과는 발생하며, 화해는 쌍방이 함께 해야 하는 체험이나 용서는 홀로도 가능하기 때문이다. 또한 용서는 가해자의 사과와 관계없이 작용될 수 있는 내적 체험이기도 하다. 대신 가해자로부터 피해를 재차 받지 않을 수 있도록 하는 조치가 선행된 이후에 가능할 것이다. 가능하다면 피해에 대한 어떠한 형태로든 심리 · 사회적 보상이 병행될 때 더욱 효과적일 수 있을 것으로 파악된다.

둘째, 용서와 회복적 사법(restorative justice)의 실천관계 측면이다. 회복적 사법이란 범죄자, 피해자 및 지역사회구성원의 자발적인 참여와 대화를 통하여 화해를 도모하도록 하는 절차이다. 전통적인 처벌중심의 형사사법(criminal justice)에 대한 비판과 대안적 패러다임으로서 재범방지 및 피해회복에 긍정적 효과가 있는 것으로 평가되고 있기에 캐나다, 오스트레일리아 등 다양한 국가에서 형사제재 위주의 사법절차의 새로운 대안으로 활용하고 있다. 회복적 사법은 범죄란, 특정인 또는 지역사회에 대한 침해행위이므로 범죄는 개인과 사회 모두의 책임으로 보고 있다. 범죄자의 의무는 행위에 책임을 지고 손해를 보상하는 것이며, 처벌만으로는 행동을 변화시킬 수 없기에 지역사회는 원상회복과정의 촉진자로서 피해자와 가해자 간의 대화를 통한 타협을 강조하고 있다(박상식 · 이창호, 2008). 회복적 사법 참여자의 경우 가해자에 대한 피해자의 분노나 복수심이 많이 낮아졌음이 보고되고 있다. 본 연구 참여자의 경우 가해자와의 편지 교류를 통해 가해자의 사형집행유예탄원서를 제출하는 등 용서실천을 통한 회복적 사법의 예를 보여주고 있다. 그 과정에서 천주교 수행자가 치료적 중재자의 역할을 하였다. 회복적 사법제도의 주요 모델로는 조정모델(mediation)[2], 회합모델(conferencing)[3], 배상모델(restitution)[4]이 있다(국민일보, 2009.12.13). 하지만 범죄피해자 보호법 시행령의 취지에 따라 사실상 혼인관계에 있는 부부간, 직계혈족에 의한, 4촌 이내의 친족 및 동거친족에 의한 범죄피해는 국가로부터 보상을 받을 수 없도록 되어 있다. 또한 국내외적으로 배상과 화해 프로그램에 참여하는 전형적인 범죄자는 초범자, 재산범죄자, 비행청소년, 마지막 범행 시 흉기를 휴대하지 않은 자를 중심으로 하고 있다. 필라델피아에서는 범죄경력자, 중한 범죄자를 포함시키기도 한다(박상식 · 이창호, 2008). 하지만 본 연구 참여자의 사례는 살인이라는 강력범죄의 피해자이기 때문에 현실적으로 회복적 사법정의의 시도와 적용가능성이 상당히 희박하고 힘들다. 그럼에도 불구하고 본 연구 참여자는 범죄피해자로서 용서실천을 위해 회복적 사법정의를 시도하였다는 점에서 연구활용가치를 두고자 하였다. 본 연구 참여자는 종교기관에서 제공한 지속적인 치료공동체의 지지적 체험을 받게 됨으로써 용서라는 힘겨운 시도를 결심하게 되었다. 이것으로써 용서란 영성과 긴밀한 관계가 있음을 파악할 수 있겠다. 사회복지실천현장에서 다양한 심리적 외상을 체험한 클라이언트의 경우 그들의 종교적 영성과 용서라는 치료기제를 자원화시켜 적용시킬 경우 효과가 있음을 강조하고자 한다.

셋째, 범죄피해자 - 가해자 간 화해와 용서실천을 향한 사회복지실천가의 역할규명이다. 우리나라의 개정된 범죄피해자 보호법 시행령(2010.8.15)에 따르

2) 중립적 제3자가 피해자와 가해자 사이를 조정한다. 제도로는 지역사회 조정, 피해자 · 가해자 화해, 피해자 · 가해자 조정이 있다.

3) 피해자 · 가해자뿐 아니라 교사나 종교인, 경찰 등 지역사회가 대화그룹을 형성하여 함께 문제를 해결한다. 제도로는 지역사회 사법회의, 피해자 · 가해자 회합이 있다.

4) 범죄로 인해 발생한 손해를 가해자가 '회복적' 방법을 통해 갚아주도록 한다. 제도로는 배상명령 및 보상명령이 있다.

면, 국가는 범죄피해자와 그 가족의 정신적 회복을 위한 상담 및 치료 프로그램을 운영해야 하며, 범죄피해자에 관한 상담 · 의료의 제공 등 업무에 종사하는 자는 필요한 교육과 훈련을 실시해야 한다고 명시하고 있다. 이에 따라서 사회복지실천가는 범죄피해자의 특성으로 나타나는 심리적 · 정서적 · 인지적 · 행동적 양상을 충분히 이해할 수 있는 임상실천가로서, 범죄피해자를 돕기 위한 법조인, 정신건강전문가, 종교인 등의 지역사회네트워크를 구축하는 다학제적 팀의 협력자[5]로서, 또한 지역문제의 갈등을 중재하는 지역사회조정자로서의 역할발휘에 따른 역량개발이 요구된다. 이러한 노력은 최근 민간복지재단[6]에서 학교폭력 가해자와 피해자의 관계회복 실천활동으로 드러나고 있다. 민간 차원에서 피해자와 가해자 관계를 조정하여 문제를 해결하려는 회복적 사법제도 실천을 학교사회복지 차원에서 실천하고 있다. 또한 우리 사회 경찰에서는 2007년, 법원에서는 2008년 회복적 사법제도를 시범운영한 바 있다.[7] 또한 2007년 12월 21일 개정된 소년법에 '화해권고 규정'이 신설돼 법원단계에서 추진이 가능한 초석이 마련되었다. 이에 청소년의 경우 사법처리 대신 사법 외적 제재를 통한 화해권고가 가능한 체계구축이 강조되었다(국민일보, 2009.12.13). 회복적 사법은 국가가 관장하던 소년범의 사법절차를 지역사회와 민간 차원 연

---

5) 대방종합사회복지관이 민간주도형 복지관 형태로서는 최초로 범죄피해자 지원을 실천하고 있는데, 경찰계, 법조계, 의료계, 자원봉사자 및 상담가, 사회복지사 등이 지역사회의 다양한 인적 자원을 활용하여 범죄피해자를 지원하고 있다. 이때 사회복지사의 주된 역할은 다양한 전문가들의 코디네이터라고 할 수 있다.

6) 현재 민간기관인 평화를 만드는 여성회 갈등해결센터가 유일하게 회복적 사법조정자를 양성하고 있다.

7) 담당검사는 사안의 경중을 검토하여 사건을 형사조정에 의뢰할지 결정하고 당사자들의 동의를 받아 범죄피해자 지원센터에 조정을 의뢰한다. 양측이 화해를 통해 합의할 경우 사건은 공소권 없음 처분으로 종결된다. 2009년 10월 북부지검은 '푸른 교실'을 시범운영하면서 교육이나 선도를 받은 조건으로 기소유예를 받은 19세 미만 청소년을 대상으로 기소유예 이후 재범예방효과를 높이기 위한 교육 프로그램을 적용하였다. 기소유예 처분을 받은 청소년과 부모, 소년범죄 전담검사, 청소년 상담전문가, 지역주민 등이 참여하고 있다. 하지만 회복적 사법은 공식적인 사법절차가 시작된 상황에서는 제한적으로 시도될 수밖에 없기에 조정의 효과는 상당히 제한적이기도 하며, 소액의 금전적인 피해가 아닌 살인과 같은 강력범죄의 경우 형사조정은 현실적으로 기대되기 어렵다는 한계가 있다(국민일보, 2010.3.3).

계로 확장시켰다. 사회복지전문분야 중 학교사회복지사를 포함한 아동 · 청소년 복지관련 실천가의 역량강화에 대한 재고가 필요한 시점임을 강조하고자 한다.

넷째, 용서와 외상 이후 심리적 성장 간의 관계이다. 범죄피해자인 본 연구대상자의 내러티브와 인용된 예술적 표현을 통해 이들에게 있어 용서는 상당한 시간이 요구되는 고통스러운 과정임을 알 수 있다. 정치난민인 북한이탈주민의 외상과 심리적 성장에 대한 질적 연구결과(김현경, 2007; 2009)에서 탈북 이후 북한에서 자신을 고문했던 고문관에 대한 인지 · 정서적 내러티브를 다루고 있다. 이때 연구 참여자는 고문관을 원망하고 분노했던 감정을 북한이라는 환경체계에서 생존하기 위한 한 인간으로서의 고문관으로 이해하게 되면서 연민을 느끼며, 그를 용서하는 마음으로 전환시켰다고 밝히고 있다. 또한 용서를 통해 얻게 된 심리적 평안을 남한에서 더욱 잘 살아가는 힘의 원동력으로 삼고자 했다. 이러한 점에서 용서와 외상 이후 심리적 성장의 긍정적인 관계도 파악할 수 있다. 양적 연구결과의 경우 오클라호마 테러폭발사건 이후 Full-PTSD 진단을 받은 참여자들이 PTSD로 진단되지 않은 참여자들에 비해서 유의하게 외상 이후 심리적 성장수준이 높은 것으로 보고되었다. 그럼에도 불구하고 피해자들의 용서와 외상 이후 심리적 성장(posttraumatic growth) 간에는 유의한 상관관계는 없는 것으로 나타났다. 피해자들 중 특히 가족이 사망한 경우 가해자에 대한 용서는 어려웠으며, 일부 피해자는 가해자의 사형을 목격했지만 그럼에도 불구하고 용서는 가능하지 않았다(Calhoun and Tedeschi, 2006 : 314-318). 궁극적으로 가해자를 향한 범죄피해자의 용서는 피해결과의 치명성에 따라 차이가 있겠으나 오랜 시간을 거쳐 진행되는 과정이며, 그 과정에도 범죄피해자의 심리적 고통은 순간에 따라 발현되기도 하고, 어쩌면 평생 지속되기도 한다는 점을 본 연구결과를 통해 강조하고자 한다.

현재 사회복지사는 범죄피해자의 보호 및 지원을 위해 의료, 법률, 생활지원, 주거지원 등 다양한 서비스들을 연계하는 것을 주된 역할로 하고 있다. 이에 사회복지실천 영역에서의 전문화된 역할획득을 위해 가해자 – 피해자의 갈

등과 타협, 화해와 중재를 돕기 위한 실천기술 함양의 필요성을 제시하고자 한다. 우리 사회의 법률구조상 갈등에 대한 타협 및 화해의 중재기술은 미시적으로 경범에 해당되는 아동 · 청소년의 폭력 및 비행 등의 문제해결에 기여할 것으로 파악된다. 하지만 거시적으로는 지역사회 갈등에 대한 타협과 조정을 발휘할 수 있는 사회복지실천가로서의 역량강화에 주요한 영향을 미칠 것이라 보여진다.

참고문헌

경찰청 통계(2009). 2008년 국내강력범죄통계.

국민일보(2009.12.13). 국민일보 창간 21주년, 우리 아이를 용서해 주세요 : 가해 · 피해자 갈등해결 '회복적 사법'.

_______(2010.3.3). 회복적 사법조정자 양성 프로그램 가보니… 갈길 먼 제도화 교육 받아도 무용지물.

김기범 · 임효진(2006). 대인관계 용서의 심리적 과정 탐색 : 공감과 사과가 용서에 미치는 영향 분석. 한국심리학회지 : 사회 및 성격, 20(2), 19-33.

김준호 · 노성호 · 이성식 · 곽대경 · 이동원 · 박철현(2003). 청소년 비행론. 청목출판사.

김현경(2007). 난민으로서의 새터민의 외상회복 경험에 대한 현상학 연구. 이화여자대학교 대학원 박사학위논문(미간행).

_____(2009). 현상학으로 바라본 새터민(탈북이주자)의 심리적 충격과 회복경험. 한국학술정보 (주).

네이버 영화 홈페이지(2013). 영화 '오늘' 줄거리 요약.

다큐 KBS스페셜(2006.2.19). 당신을 용서합니다.

다큐방송(2010). BBC 다큐특강. 다큐멘터리란 무엇인가?. http://www.daqcasting.com/3296

박상식 · 이창호(2008). 범죄피해자와 회복적 사법. 한국학술정보 (주).

박종효(2006). Enright 용서심리검사(EFI-K)의 타당화 연구. 교육심리연구, 20(1), 265-282.

서울특별시(2010). 통계연보.

손운산(2009). 치료, 용서 그리고 화해. 한국기독교신학논총, 35, 241-284.

신혜섭(2010). 가족폭력상담원의 스트레스, 대처전략과 직무요인이 대리외상에 미치는 영향. 한국가족복지학, 15(1), 45-61.

오영희(1995). 용서를 통한 한의 치유 : 심리학적 접근. 한국심리학회지 : 상담 및 심리치료, 7(1), 70-94.

_____(2004). 대학생의 부모-자녀 갈등경험, 용서, 정신건강의 관계. 교육심리연구, 18, 59-77.

_____(2006). 한국인의 상처와 용서에 대한 조사. 교육심리연구, 20(2), 467–486.

_____(2007). 청소년의 부모–자녀 갈등경험과 심리적 부적응과의 관계 : 용서와 자아존중감의 매개효과. 교육심리연구, 21(3), 645–663.

_____(2010). 한국인 용서 척도 타당화. 한국심리학회지 : 건강, 15(1), 1–17.

원용숙(2007). 분석심리학으로 본 동화 : 성냥팔이 소녀. 정신역동치료 가을학회, 2, 118–145.

이경순(2002). 용서과정에 대한 질적 연구 : 근거이론을 중심으로. 한국심리학회지 : 건강, 13(1), 237–252.

이은숙(2004). 내 안에 빛이 있다. 고요아침.

이창동(2007). 영화 '밀양'.

조우희(2008). 영화 '용서 : 그 먼 길 끝에 당신이 있습니까?'.

최연숙(2006). 민담, 상징, 무의식. 知 and 智.

Al–Mabuk, R. H., Enright, R. D., and Cardies, P. A.(1994). Forgiveness education with parentally love–deprived college students. *Journal of Moral Education*, *24*(4), 427–443.

Baumann, S. L.(2008). Wisdom, compassion, and courage in the Wizard of Oz : A humanbecoming hermeneutic study. *Nursing Science Quarterly*, *21*(4), 322–329.

Berry, J. W., and Worthington, E. L.(2001). Forgiveness, relationship quality, stress while imagining relationship events, and physical and mental health. *Journal of Counseling Psychology*, *48*, 447–455.

Brandsma, J. M.(1982). Forgiveness : A dynamic theological and therapeutic analysis, *Pastoral Psychology*, *31*(1), 40–51.

Calhoun, L. G., and Tedeschi, R. G.(2006). *The handbook of posttraumatic growth : Research and practice*. Lawrence Erlbaum Associates Inc.

Coyle, C. T., and Enright, R. D.(1997). Forgiveness intervention with postabortion men. *Journal of Consulting and Clinical Psychology*, *65*(6), 1042–1046.

Enright, R. D.(2001). *Forgiving is a choice*. Washington, DC : American Psychological Association.

Enright, R. D., and Fitzgibbons, R. P.(2000). *Helping clients forgive*. Washington, DC : American Psychological Association.

Enright, R. D., and Human Development Study Group(1996). Counseling within the forgiveness triad : On forgiving, receiving forgiveness, and self-forgiveness. *Counseling and Values*, *40*, 107-126.

Enright, R. D., Freedman, S., and Rique, J.(1998). The psychology of interpersonal forgiveness. In Robert D. Enright and Joanna North(eds.). *Exploring forgiveness*. Madison, WI : The University of Wisconsin Press.

Exline, J. J., Yali, A. M., and Lobel, M.(1999). When god disappoints : Difficulty forgiving god and its role in negative emotion. *Journal of Health Psychology*, *4*, 365-379.

Flanigan, B.(1994). *Forgiving the unforgivable : Overcoming the bitter legacy of intimate wounds*. New York : Macmillan.

Freedman, S. R., and Enright, R. D.(1996). Forgiveness as an intervention goal with incest survivors. *Journal of Consulting and Clinical Psychology*, *64*, 983-992.

Gouldner, A. W.(1973). *For sociology : Renewal and critique in sociology today*. London : Allen Lane.

Hargrave, T. D., and Sells, J. N.(1997). The development of a forgiveness scale. *Journal of Marital and Family Therapy*, *23*, 41-62.

Matsakis, A.(1999). *I can't get over it : A handbook for trauma survivors*. Oakland : New Harbinger Publications, Inc.

Maxwell, J. A.(1996). *Qualitative Research Design : An Interactive Approach*. London : Sage.

McCullough, M. E.(2000). Forgiveness as human strength : Theory, measurement, and links to well-being. *Journal of Social and Clinical Psychology*, *19*, 43-55.

McCullough, M. E., Rachael, K. C., Sandage, S. J., Worthington, E. L. Jr., Brown, S. W., and Hights, G. S.(1998). Interpersonal forgiving in close relationships : Theoretical elaboration and measurement. *Journal of Personality and Social Psychology*, *75*, 1586-1603.

Miller, T. Q., Smith, T. W., Turner, C. W., Guijarro, M. L., and Hallet, A. J.(1996). Meta-analytic review of research on hostility and physical health. *Psychological Bulletin*, *119*, 322-348.

Mullet, E., Neto, F., and Rivere, C.(2005). Personality and its effects on resentment,

revenge, forgiveness, and self-forgiveness. In E. I., Worthington, Jr.(Eds.). *Handbook of forgiveness*(pp.159-181). New York : Routledge.

Neimeyer, R. A.(2001). *Meaning Reconstruction and the Experience of Loss*. Washington, DC : American Psychological Association.

Reed, G. L., and Enright, R. D.(2006). The effects of forgiveness therapy on depression, anxiety, and posttraumatic stress for women after spousal emotional abuse. *Journal of Consulting and Clinical Psychology*, *74*(5), 920-929.

Tedeschi, R., and Calhoun, L.(1995). *Trauma and transformation : Growing in the aftermath of suffering*. Thousand Oaks, CA : Sage.

Thompson, L. Y., Synder, C. R., Hoffman, L., Michael, S. T., Rasmussen, H. N., Billings, L. S., Heinze, L., Neufeld, J. E., Shorey, H. S., Roberts, J. C., and Roberts, D. E.(2005). Dispositional forgiveness of self, others, and situations. *Journal of Personality*, *73*, 313-359.

Willig, C., and Stainton-Rogers, W.(2008). *The SAGE Handbook of Qualitative Research in Psychology*. London : Sage Publication.

Witvliet, C. V., Ludwig, T. E., and Van der Laan, K. L.(2001). Granting forgiveness or harboring grudges : Implications for emotion, physiology, and health. *Psychological Science*, *121*, 117-123.

Wohl, M. J., and Branscombe, N.(2005). Forgiveness and collective guilt assignment to historical perpetrator groups depend on level of social category inclusiveness. *Journal of Personality and Social Psychology*, *88*, 288-303.

Worthington JR., Everett, L.(2005). *Handbook of Forgiveness*. New York · Hove : Routledge.

Worthington, E.(1998). The Pyramid model of forgiveness : Some interdisciplinary speculations about unforgivingness and the promotion of forgiveness. In Everett. L. Worthington(ed.). *Dimensions of forgiveness : Psychological research and theological perspectives*(pp.107-137). Philadelphia and London : Templeton Foundation Press.

______________(2003). *Forgiving and reconciling : Bridges to wholeness and hope*. Downers Grove, II : InterVarsity Press.

02

CHAPTER

48M : 북한이탈주민의 생존의 아픔을 알리다

1. 고문에 대한 개념 정의
2. 고문의 방법
3. 고문의 현황
4. 고문관련 연구
5. 사회복지서비스 실천을 위한 함의

CHAPTER 02

48M[1] : 북한이탈주민의 생존의 아픔을 알리다

압록강 국경지역 최단거리 48m를 건너야만 하는 사람들, 영화 〈48미터〉는 삶과 죽음의 거리로 불리는 압록강 최단거리 48m를 사이에 두고 자유를 위해 죽음을 무릅쓰는 이들의 실화를 바탕으로 한 북한인권 영화다. 영화제목이기도 한 '48미터'는 북한 양강도와 중국 장백현 사이를 흐르는 압록강의 최단거리를 뜻한다. 실제 이곳은 북한주민들이 북한군의 눈을 피해 탈북을 가장 많이 시도하는 장소로 최근에는 경계태세가 높아진 곳이다. 자유를 향한 갈망으로 죽음을 감내하면서 탈북을 시도하는 이유는 자유가 존재하는 공간에서 하루라도 인간답게 살아보고 싶기 때문일 것이다. 최근 국내에서도 라오스로 탈북을 시도했던 5명의 소년들이 강제북송당했던 사실이 알려지면서 대한민국 사회의 각계각층에서 북한문제를 되돌아보자는 자성의 목소리가 높아지기도 했다. '48미터'는 분단국가라는 이 땅의 현실을 넘어 한 인간이 얼마나 존엄한 존재이며 행복해야 마땅한 존재인지 알려주고 있다. 즉, 북한의 인권문제에 대한 경각심을 전달하는 내용을 담고 있다(네이버 영화 홈페이지, 2013).

2012년 12월을 기준으로 남한에 입국한 북한이탈주민의 숫자는 약 2만 3천여 명에 이르고 있으며, 매해 2천여 명 이상이 남한에 입국하고 있는 실정이다(통일부, 2013). 북한이탈주민은 남한사회에서 소수자의 위치에 있기에 이들을

1) 2012년 민백두 감독의 영화

이웃으로 수용하고 이해하는 데 많은 어려움이 있는 것이 사실이다. 최근 우리 사회가 국제결혼이주여성으로 인하여 다문화를 강조하고 있으나, 북한이탈주민의 경우는 일반적인 다문화권 대상자와는 독특한 차별성이 있다. 역사적으로 남북은 한국전쟁 60여 년이라는 분단의 아픔을 안고 있다. 이에 따라 남한사람들은 북한이탈주민의 난민이주자로서의 독특한 경험을 충분히 이해하기 어려운 입장이다. 특히 죽음의 공포를 무릅쓰고 국경을 건너는 대부분의 북한이탈주민의 경우 생포 시 보안부 취조과정에서 고문을 받는다는 사실은 대중매체를 통해 이미 널리 알려진 사실이다. 인류의 역사를 살펴볼 때 고문은 고대부터 현재까지 준합법적으로 행해지고 있는 가장 비열하고 혐오스러운 폭력의 한 형태

〈영화 48미터 중에서〉

이다. 1949년 국제인권신인인 세네바신언 세5조에서 전쟁 희생사와 포로를 보호하기 위해 고문철폐를 제결하였음에도 불구하고 고문은 21세기에도 여전히 지행되고 있다. 오늘날 약 9천 2백만 명의 난민들, 약 1천민여 명의 피난민, 자국을 찾아 되돌아가는 난민, 자국이주민들, 국적을 갖출 수 없는 개인들은 인권침해 피해자의 고위험군이라 볼 수 있다. 또한 고문은 전 세계 150여 국에서 발생되고 있으며, 세계 난민들 중 5~30%가 고문을 받았다고 보고되고 있다(Michael et al., 2008). 고문은 그 생존자와 가족 그리고 공동체에 신체적인 후유증뿐만 아니라 정신적 · 사회적으로 장기적인 영향을 미칠 수 있는데, 그중 외상

후 스트레스 증상은 정신장애의 발생원이 되는 스트레스에 해당된다. 현재까지도 종전이 아닌 휴전상태로 머물러 있는 한반도에서도 고문이 지속되고 있음은 남한에 입국하고 있는 북한이탈주민들의 진술을 통해 확인할 수 있다(김현경, 2007, 2009; 변주나 · 정남옥 · 김윤태 · 유양경, 2006; 좋은 벗들, 1999a, 1999b; 북한인권시민연합 홈페이지, 2010; 탈북자동지회 홈페이지, 2010). 우리 사회에서는 고문을 경험한 북한이탈주민을 자유를 향해 남한에 입국한 단순 생존자로 바라볼 뿐 연구 참여자로 고려해 보려는 시도는 거의 전무하였다. 따라서 고문을 경험한 북한이탈주민의 외상 후 심리적 충격과 고통을 치유하고 완화할 수 있도록 돕기 위한 요인들은 무엇인지 정신건강분야의 전문가로서 개입방향은 어떠해야 하는지 관심을 가질 필요가 있다고 보여진다. 하지만 아직까지 관련연구는 남한입국 북한이탈주민의 고문실태조사(변주나, 2006) 정도에 국한되어 있다. 따라서 본 연구에서는 기존 선행연구에서 관심있게 다루어지지 않았던 고문을 경험한 북한이탈주민들을 대상으로 그들의 인구사회학적 요인, 정신건강 · 개인의 성격요인, 사회적 · 경제적 요인이 고문으로 인한 외상 후 충격에 어떠한 영향을 미치는지 조사를 실행해 봄으로써 난민이주자와 접촉하는 정신건강전문가로서 인식해야 할 치료적 요인들을 확인하고 구축하는 데 기여하고자 한다.

1. 고문에 대한 개념 정의

1973년 국제사면위원회는 고문에 반대하는 최초의 국제적 캠페인을 시작했다. 1975년의 고문금지선언을 구체화하여 국제연합인권위원회가 그 초안을 작성하였으며 33개 조항으로 이루어졌다. The World Medical Association Declaration of Tokyo(세계의학협회동경선언, 1975)에서 고문이란 '강제로 정보를 얻거나 자백을 받거나 또는 기타의 이유로 개인, 단체에 의해 또는 어떤 권위적 힘의 사주에 의해 고의적으로, 체계적으로 가해지는 정신적 · 신체적 고통'으로 정의한 바 있다(세계의학협회, 1975). 1984년 12월 유엔총회에서 고문반대국

제협약이 채택되었는데, '고문이란 어떤 사람이나 제3자로부터 정보나 자백을 얻기 위해 또는 그 사람이나 제3자가 범했거나 범했을 것으로 의심되는 행위에 대한 처벌을 위해서나 그 사람이나 제3자를 위협하거나 강제하기 위해, 또는 어떤 종류의 차별에 근거한 이유로 공공기관이나 공적 직위에 있는 사람의 선동이나 동의 또는 묵인하에 자행되는 육체적 · 정신적 고통과 수난이 의도적으로 가해지는 행위이다. 국가 간의 전쟁이나 전쟁의 위협, 내부적 정치상황의 불안정 또는 다른 공적인 비상사태의 경우라고 할지라도 고문의 정당화를 주장할 만한 예외적 상황은 결코 존재하지 않는다'고 선포하였다. UN고문반대국제협약은 1987년 6월 발효되었고 한국은 1995년에 가입하였다. 2002년 7월에는 국제조사단이 교도소와 테러범수용소 등을 방문해 조사할 수 있도록 하는 '고문방지협약에 관한 선택의정서'를 채택했다. 이 의정서는 1987년 채택된 유엔 고문방지협약을 보완, 강제조항을 도입한 시행조약이다. 2009년 기준으로 194개국이 비준한 제네바 고문반대국제협약에는 북한이탈주민들이 남한입국 이전 경유하게 되는 베트남, 캄보디아, 태국, 중국, 러시아 등도 포함되어 있다(김윤성 역, 2008; 네이버용어사전, 2010).

2. 고문의 방법

고문의 가장 기본적인 원리는 고통을 주거나 적어도 고통을 가하겠다고 위협함으로써 공포심을 일으키는 데 있다. 고문은 신체적 고문과 정신적 고문으로 나눌 수 있으나, 둘 다 고문을 받는 개인에게 고통과 충격을 주는 것이라 할 수 있다.

신체적 고문으로는 수세기 동안 네 가지로 분화되었다. 세 가지는 육체적인 힘(총의 개머리판, 쇠파이프와 같은 둔기를 이용한 타격, 날카로운 도구로 자르거나 찌르기, 늘리기와 비틀기, 누르기, 절단, 발이나 팔을 묶어서 매다는 것, 발바닥을 계속 구타하기, 주먹으로 귀를 때리기 등), 불(달아오른 쇠로 사지를 지짐, 달구어진 쇠로 낙인찍기 등), 물(강제로 물 먹이기, 입과 콧구멍 위로 얇은 천을 덮은 후 물을 부어 호흡에 고통주기, 찬물이 든 욕조에 담그기 등)을 잔인하게 사용하는 것이며, 네 번째는 가장 섬세하고 세련된 고문으로 불렸는데, 이 방법에는 벌레를 옷 속에 넣어 사람을 물어뜯게 하는 고문, 중국과 한국 등 동양권에서 전통적으로 활용한 곤장, 전기충격, 성적 고문, 작은 상자나 독방에 감금하는 것, 극도의 저온이나 고온 상태에 두기 등 다양한 형태가 있다.

정신적 고문의 도구는 첫째 '공포'라고 할 수 있다. 신문에 들어가기 전에 고문기구들이나 적어도 육체적인 방법이 사용될 것이라 위협하는 것이다. 이런 방법은 자백을 얻어내기에 충분한 것으로 증명되었다. 그 예로 모의처형[2]과 같은 방법이 있다. 또 다른 방법은 '방향감각의 상실'이다. 햇빛이 들지 않는 축축하고 추운 방 또는 매우 뜨겁게 가열한 방에 갇힌 수감자는 시간의 진행을 추적하기 힘들다. 이때 음식이나 물이 주어지지 않거나 비정기적인 간격으로 배급된다면 수감자들의 정신은 더욱 피폐해진다. 이런 과정을 통해 자신의 인성에 대한 확신을 잃게 되는 것이다. 나아가 신문자들을 교대시킴으로써 한 번에 며칠씩 수감자를 신문하는 방법으로 '수면박탈' 방법 역시 수감자가 낮과 밤을 구분할 수 없게 만든다. 유럽과 미국 경찰에 의해 오늘날에도 활용되고 있는 구어로 '제3단계' 고문은 수감자를 어두운 방에 앉혀놓고 밝은 탁상용 램프로 직접 얼굴을 비추어 현기증 나는 램프를 직접 응시토록 한다. 또한 좋은 형사와 나쁜 형사를 번갈아 쓰는 방법, 같은 감옥에 가짜 죄수 '끄나풀'을 심어 자백을 유도하는 방법, 심한 굴욕감과 모욕 주기, 협박, 조롱과 언어적 학대, 타인이 고문당하는 소리를 들려주는 방법, 세뇌 등이 있다(김윤성 역, 2008).

2) 1849년 12월 22일 러시아 작가 도스토예프스키는 폭동죄로 잡혀온 20명의 죄수들과 모스크바 세메노프스키 연병장으로 걸어갔다. 장군은 사형선고문을 천천히 낭독하였고 사격대에 발포명령이 막 떨어지는 순간 보좌관이 니콜라스 황제의 밀봉된 편지를 장군에게 가지고 왔다. 사형선고는 시베리아 유형으로 감형되었다. 많은 경우 희생자들은 총소리를 듣고 자신이 죽었다고 여겼다가 아직 살아났다는 것을 차츰 인식하게 되는데 그러한 충격은 평생 동안 계속되는 인지능력의 손상을 가져오기에 충분하다고 기록되어 있다(김윤성 역, 2008).

3. 고문의 영향

고문은 감금과 수감으로 인해 자유의지가 박탈된 무력한 상태에 있는 개인에게 권력조직이 신체적 · 정신적으로 지속 · 반복적으로 고통을 가하는 것으로서 단발적인 폭력이나 범죄, 강간과는 차이가 있다. 고문은 예측이 불가능하며 개인적 노력으로 통제할 수 있는 상태가 아니기에 정신적으로 깊은 후유증을 남기게 된다(Basoglu, Mineka, & Parker, 1997). 고문의 피해자는 사회에 대한 신뢰를 상실하고 세상에는 정의가 존재하지 않으며 자신은 안전하지 않다는 생각에 지배되는데, 특히 인권을 유린한 고문집행자가 벌을 받지 않는다는 사실을 인식하게 되면서 사회적인 불의를 심하게 느낀 사람은 이후 사회생활 속에서도 심리적 문제를 겪기 쉽다. 북한과 같은 인권억압이 심한 나라에서는 고문을 받았을 경우 오히려 생존자가 죄인이며, 위험인물이라는 사회적 낙인을 받아 연좌제로 가족 전체가 사회적 지원을 얻기 어려운 상황에 내몰려 심리적 외상을 경험하게 된다. 고문피해자의 외상 후 스트레스 충격 중 회피증상은 사회적응에 큰 장애를 초래하게 되는데, 고문장면을 떠오르게 하는 장소(군 시설, 경찰서 등), 인물(고문집행자와 닮은 사람, 목소리, 군인 등), 텔레비전, 뉴스, 신문기사 등을 피하게 되고 혼자 있게 되는 등 생활범위가 축소된다. 따라서 사회가 지원하지 않으면 취업이 곤란하여 경제적으로 궁핍해지며 사회부적응자가 되기 쉽다(Iacopino & Heiser, 1996; Basoglu, Paker & Paker, 1994, 이창호 · 정승용 · 전우택, 2003 재인용).

4. 고문관련 연구

개인을 둘러싼 보호요인과 취약성은 외상에 대한 그 개인의 반응에 영향을 줄 수 있다. 여성(Beiser & Hou, 2001; Ekblad et al., 2002; Chung & Kagawa-Singer, 1993; Hauff & Vaglum, 1995), 과거 정신병력(Hauff & Vaglum, 1995)은 전쟁이나 고문

을 경험한 난민이주자의 외상 후 스트레스 장애에 대한 위험요인으로 나타날 수 있다. 또한 정치활동에 직접 참여한 대상자와 참여하지 않았던 대상자들이 나타내는 외상 후 스트레스와 주요 우울증 발현을 비교해 본 결과, 외상 후 스트레스 증상의 경우 직접 정치활동에 참여했던 사람이 18%, 그렇지 않았던 사람이 58%, 주요 우울증의 경우 직접 정치활동에 참여했던 사람이 4%, 그렇지 않았던 사람이 24%의 발현을 나타냈다. 즉, 정치에 직접적으로 참여하지 않았던 대상자들의 경우 가벼운 고문을 받았음에도 불구하고 더 큰 정신적 후유증을 나타내었다는 점이다. 이는 고문과 같은 외상에 대한 사전의 심리적 준비가 있었는가의 문제이다. 다시 말해, 인지적 과정(정치사상이나 종교와 같은 강한 신념, 외상경험에 대한 의미부여나 예측 및 통제의 가능성)과 행동과정(정치활동을 하는 과정에서 외상 후 스트레스에 대한 면역이 생길 수 있다는 점)으로 구분할 수 있다(Basoglu, Mineka & Paker, 1997; Holtz, 1998; Shrestha et al., 1998). 고문을 경험하였다고 해서 모두가 외상 후 스트레스 장애를 겪는 것은 아니나, 고문으로 인한 외상 후 스트레스 장애 발현은 고문피해자가 주관적으로 지각한 고통의 정도라고 보고되고 있다(Basoglu, Paker & Paker, 1994). 굴욕을 주는 것, 협박하는 것, 다른 사람의 고문광경을 목격하게 하는 등의 행위는 그 이후 난민이주자들에게 나타나는 외상 후 스트레스 장애를 예측하게 한다고 보고된 바 있다(Shresta et al., 1998).

고문에 대한 회복요인들로는 영성, 외상에 대한 심리적 준비, 정치적 신념, 일에 대한 몰입, 대처방식의 유연성, 생존에 대한 강한 동기, 자기통제력, 자존감, 현실지남력, 탄력성, 강인성, 자기효능감, 사회적 지지, 안정애착 등이 있다(김현경, 2007, 2009; Shresta et al., 1998; Basoglu, Paker & Paker, 1994; Skylv, 1992; Stepakoff et al., 2006; Jari et al., 2005; Benight & Bandura, 2004). 고문을 받은 사람은 흔히 그 사회의 희생자라는 낙인을 받기 쉽지만, 오히려 생존자(survivor)로서 자신의 권리를 회복하고자 노력하는 사람들도 있다. 일부 북한이탈주민들 역시 남한입국 이전 수감생활로 다양한 고문을 겪었으나 그 고통을 견디어낸 생존자로서 남한입국 초기에는 유사한 고통과 아픔을 경험했던 북한이탈주민을 혐오하고 회피하였으나, 남한사회의 지지와 대인관계의 애착을 통해

과거 북한에서 자신을 고문했던 개인을 북한사회체계에서 그럴 수밖에 없었던 한 개인으로서, 즉 환경 속의 인간으로 이해하게 되었음을 밝히고 있다(김현경, 2007; 2009).

나아가 난민의 외상회복에 중추적인 회복요인으로 꼽히고 있는 요인들 중 하나는 사회적 지지라 할 수 있다. 고문을 경험했던 이라크난민을 대상으로 한 외상연구에서 사회적 지지의 부족이 장기간의 우울을 지속시키는 가장 큰 예측요인으로 꼽히고(Gorst-Unsworth, & Goldenber, 1998; Mahtani, 2003) 있으며, 고문을 경험한 터키출신 정치난민대상의 정신건강연구에서도 사회적 지지가 외상으로 인한 영향을 경감시키는 요인이 된다(Basoglu & Paker, 1995, Schweitzer et al., 2006 재인용)는 것을 밝히고 있다. 이렇게 사회적 지지는 고문과 같은 외상의 영향을 약화시키고, 변화를 용이하게 하며, 과거의 적절한 메커니즘을 회복하는 데 가장 효과적인 요인 중 하나임을 제시하고 있다. 또한 난민 개인이 자신과 유사한 경험을 한 난민대상자와 사회적인 연계를 구축하는 태도를 보이는 것을 외상회복에 중요한 요인으로 파악하고 있다. 생존한 난민 개인은 자신과 유사한 경험을 한 희생자가 더는 미래의 희생자가 되지 않도록 교육적 · 법적 · 정치적으로 노력하고, 대중적 인식을 향상시키는 데 헌신하게 됨으로써 자신의 외상회복에도 기여하게 된다는 것이다(Herman, 1997; Foa, Zinbarg & Rothbaum, 1992).

'탄력성'은 위험상황의 영향을 수정하도록 하는 기제나 과정, 그리고 성공적으로 적응하는 발달적 과정을 이해하는 데 목적을 두고 있다(이상준, 2006). 폭력과 전쟁 등으로 인한 외상과 무기력감, 희생을 경험한 난민가족을 탄력성의 관점에서 슈퍼비전을 준 연구(Papadopoulos, 2001), 베트남전쟁 참전용사의 외상 후 스트레스 장애를 탄력성이라는 회복요인의 적용으로 고찰한 연구(King et al., 1998)들을 통해 탄력성을 역동적 과정으로 이해하면서, 위험에 처한 개인의 발달적 산물에 기여하는 긍정적인 요인들로 파악하고 있으며, 다가올 어려움에 대한 면역체로서의 사건으로 설명된다. 따라서 강점으로 연계된 보호적 과정인 탄력성은 장기화된 귀인(attribution)이나 경험이기보다 결정적인 전환점이 된다

고 강조되고 있다. 하지만 탄력성이란 개인 혼자 형성할 수 있는 것이 아니라, 그 개인을 도우려는 주변 타인에 의해서 형성되고 발전되는 것이다. 이는 역경에도 불구하고 삶이란 의미있는 것이며, 결국 해결된다는 확신이라 할 수 있다. 따라서 탄력성은 오로지 개인기질에 의한 결과가 아니라, 개인을 둘러싼 환경적 영향이 중요하게 반영된다고 볼 수 있다(Tedeschi & Calhoun, 1995; 1999).

고문이나 전쟁으로 인한 외상에서 생존한 개인의 핵심적 취약요인은 대인간 애착에 충격적 영향을 미친다는 점이다. 이들은 가족과 같이 중요한 의미를 지닌 사람과의 이별이나 상실뿐만 아니라 거주할 집이나 소유재산 등의 상실을 실질적으로 흔하게 경험한다. 애착이론은 정치수감자들이 삶의 위협이나 굴욕에 대해 차이가 나는 독특한 방법으로 반응한다는 점을 이해하게 한다. 정치수감자들은 그들이 이용가능한 자원이나 조력에 대한 판단에 따라서 위협과 위험성의 심각성이나 중요성을 다르게 인식한다는 것이다(Basoglu et al., 1996; Ehlers et al., 2000; Kanninen, Punamäki, Qouta, 2002). 무엇보다도 안정애착에 기반을 둔 외상생존자는 상황적으로 적합하고 효과적인 대처를 적용하고 성숙한 방어기제를 적용한다는 점이다(Punamaki et al., 2002). 따라서 이들은 타인이 제공하고자 하는 도움이나 지지를 좀 더 수용하려는 태도를 나타내며, 분산되어버린 현실을 인식할 수 있는 능력이 있다고 가정하게 되나, 불안정하거나 회피적인 애착에 기반을 둔 외상생존자들은 타인의 호의나 도움을 불신으로 거절하게 된다는 것이다(Muller & Lemieux, 2000). 외상생존자와 치료자와의 안정애착에 기반을 둔 치료적 관계는 그 생존자가 심리적으로 더 악화되지 않으면서도 자신의 외상경험을 이야기할 수 있으며, 신체적인 호소를 하면서도 심리적 어려움을 이야기할 수 있기 때문에 생존자의 심리적 어려움을 공감하면서 들어주는 것 자체도 치료적 효과를 지닌다고 하였다. 즉, 이야기를 통해 난민대상자의 실존적인 독특한 경험을 공유함으로써 좀 더 친밀감을 형성할 수 있으며, 치료자의 공감적 경청은 난민 개인 자신이 이해받고 있다는 신뢰를 제공하게 된다. 이러한 치유적 관계(healing relationship) 형성은 심리사회적으로 불안정한 상태에 있는 난민대상자에게 안전감을 제공하는 초석이 된다고 할 수 있다(Herman, 1997; Kinzie, 2001).

북한 및 탈북과정에서 고문을 비롯한 다양한 외상사건을 경험한 북한이탈주민에 대한 7년 종단연구결과를 살펴보면, 북한이탈주민의 우울은 만성적인(chronic) 수준의 우울이라고 보고하고 있다(한반도평화연구원, 2008). 이러한 현상은 북한이탈주민의 난민이주자로서의 경험적 특성을 반영한 결과라 할 수 있겠다. 난민이주자의 우울장애에 관한 연구는 상당히 다양한 결과를 제시하고 있는데, 그중 터키에서 정치적 활동으로 고문을 겪었던 대상자들은 비정치활동과 연계된 대상자들과 비교했을 때 상대적으로 낮은 우울을 나타내었다(Basoglu et al., 1994). 반면 Mollica et al.(1993)의 연구결과에서는 난민캠프에 있던 캄보디아인의 55%가 서구적 진난기준에 따라 우울장애로 고통을 받고 있었으며, Hinton et al.(1993)의 연구결과에서는 캘리포니아에 거주했던 베트남 난민의 경우 외상 후 스트레스 장애는 3.5%인 반면 우울장애는 11.5%로 나타났다고 하였다. 호주에 있는 타밀 망명신청자(Tamil asylum seekers)는 일반 이주자에 비교하여 세 배나 높은 우울증상이 보고되었다(Silove et al., 1998). 중요한 상실과 이주에 관련된 사건들은 특히 우울이라는 위험요인과 관련되는데, 이는 가족과의 지속적인 이별과 재정착한 나라에서의 사회적 지지의 결핍과 밀접하게 연계된다고 할 수 있다(Gorst-Unsworth & Goldenber, 1998; Ekblad et al., 2002).

반추(rumination)는 개인이 경험했던 위기에 대한 의미부여뿐만 아니라 지속적으로 자신과 타인 그리고 미래에 대한 근본적인 스키마를 다루고 이해하고자 하는 특성이라 할 수 있다. 반추는 스트레스와 부정적인 정서의 수준에 따라서 외상에 대한 반응이 증가하거나 감소하는 경향성이 있다. 반추는 조기 문제해결전략이 실패할 때 증가하게 되는데, 목적을 성취하고자 하는 대안적 도구를 탐색하기 위해 반추를 하게 된다(Martin et al., 1993). 반추는 또한 행동과정에 대한 결정을 할 수 없을 때 발생하게 된다(Lazarus & Folkman, 1984). 따라서 반추는 목적에 대한 명백한 확인(identification) 또는 포기하거나 대체(substitution)함으로써 끝나게 된다. 개인의 외상에 대한 반추 정도는 개인의 창의적인 성장 잠재성 발휘 정도에 따라서, 다른 사람들의 정서적 지지 정도에 따라서, 또한 새로운 스키마와 행동에 대한 아이디어를 제공받는 정도에 따라서 변화된다. 반추에 따른 숙고과정 이후 성공적인 대처를 통해 초기의 성장을 경험할 수 있다고 한다(Tedeshi, Park & Calhoun, 1998). 따라서 반추를 함으로써 오히려 자기 자신이나 위기문제에 대한 새로운 통찰력을 얻고 우울한 정서에서 벗어날 수 있게 된다는 연구결과를 제시하는 반면, 반추가 우울이나 불안 등 신경증적 증상과 밀접하게 연계됨으로써 우울장애 발현 및 증상 유지와 정적으로 유의한 상관을 보인다고 한다(Tedeschi & Calhoun, 1999).

자기효능감은 자신의 전체적인 수행능력에 대한 믿음으로부터 초래된다고 하였다. 자기효능감은 반복된 과제관련 경험을 통해 점진적으로 발달 · 향상될 수 있고, 다양한 훈련절차를 통하여 고양될 수 있으며, 외상경험에 대해 판단하고 평가하여 개인이 느끼는 불안을 매개하는 효과가 있는 것으로 나타났다. 고문과 전쟁과 같은 외상을 경험한 개인이 느끼게 되는 삶의 불안은 신체적인 손상이나 심리적인 해가 예상되는 위험에 대한 취약성, 자신의 대처능력이 앞으로 다가올 상황들에 맞지 않을 것이라는 예상 등에 의해 일어날 수 있다. 개인이 어떠한 환경의 위험이나 위협에 대처할 수 없다고 지각하는 것은 위험이나 위협 자체의 실질적인 특성 못지않게 불안을 일으키는 중요한 원인이 된다. 부정적인 사고의 통제에 대한 낮은 자기효능감은 불안과 우울을 부추긴다고 보고하고 있다. 따라서 자기효능감은 전쟁, 성폭력, 자연재난, 테러, 범죄희생 등과 같은 외상경험에 대한 개인의 행동뿐만 아니라 정서에도 영향을 미친다(Benight & Bandura, 2004). 경제적 어려움과 같은 생활고는 외상 및 스트레스 이후 심리적 안정감과 성장을 저해한다는 것이 난민이주자 연구결과(Behnia, 2002; Robertson et al., 2006)에서 밝혀진 바 있다. 그러나 최근 국내연구에서 북한이탈주민을 대상으로 한 외상 이후 심리적 성장 연구결과, 개인의 수입 정도는 7년 이상 남한에 거주한 북한이탈주민의 외상 이후 심리적 성장 또는 삶의 질과도 유의한 상관이 없는 것으로 밝혀진 바 있다.

이 장에서는 고문을 경험한 북한이탈주민을 대상으로 외상 후 충격을 신체적 · 심리적 · 사회적(bio-psycho-social) 영역에서 조사함으로써 고문으로 인한

외상 후 충격을 치유 또는 회복 차원으로 연계시킬 수 있는 요인들을 발견하여 난민이주자에 대한 정신건강의 지평을 넓히고자 하였다. 일반적으로 북한이탈주민에 대한 고문은 국제법상 중국, 베트남, 러시아 등 제3국에서는 행해지지 않는다. 다만, 그들이 제3국에서 불법체류자로서 체포되어 북송될 때 북한 내에서 고문이 행해지는 것이다. 본 연구자는 서울, 경기도, 인천 지역 내 교회·성당 및 지역사회복지관을 활용하는 북한이탈주민들을 대상으로 연구의 목적을 설명한 후 북한 내에서/ 탈북과정에서 수용소 생활을 하거나 투옥 및 감금된 상태에서 고문을 경험한 바가 있다고 자기보고한 대상자들 총 230명에게 설문에 응답을 하도록 제시하였다.

본 연구결과를 토대로 고문을 경험한 북한이탈주민의 외상충격에 영향을 미치는 요인들을 논의하면 다음과 같다. 우선 인구학적 요인으로서 여성이 남성보다 외상충격이 훨씬 심한 것으로 나타났다. 이러한 본 연구결과는 국외 연구결과(Ekblad et al., 2002; Robertson, 2006)와도 일치한다. 전쟁과 고문을 경험했던 난민여성들은 남성에 비해 위기상황에 대한 대처능력이 상대적으로 떨어질 뿐만 아니라 배우자를 상실하거나 이별한 경우 생계부양으로 인한 정신적 어려움이 중첩되어 정신적 후유증이 더 큰 것으로 나타났다. 북한이탈여성의 경우 수감생활 또는 국경을 넘는 과정, 제3국 체류 중에도 다양한 위험요인들에 직면하게 되지만, 특히 성폭력(성고문)의 위험요인에 노출된다는 점을 심각하게 고려해 볼 필요가 있다. 1990년대 경제난 이후 북한이탈여성은 국가의 모성보호조치는 열악해졌고, 생계를 위해 경제활동에 내몰리고, 이 과정에서 그리고 탈북 후 중국에 체류하는 동안 공안의 추격과 불법체류자의 지위를 악용하는 브로커와 현지인 등으로부터 착취와 폭력에 노출되고 있는 것으로 나타났다. 또한 북한에 자녀를 두고 탈북한 경우 북한이탈여성이 느끼는 죄책감, 예상치 못했던 성폭력, 매매혼과 인신매매 등을 경험했을 때의 정신적 상처는 심각한 수준으로, 이는 한국에 입국한 후에도 다양한 형태의 육체적 질병으로 나타나고 있는 것으로 설명될 수 있다(김현경, 2008, 2009; 국가인권위원회, 2010).

또한 고문을 경험한 개인에게 만성질병이 많아질수록 고문으로 인한 외상 후 충격이 더 커지게 되는데, 이는 그 개인이 자신의 병든 몸을 인식하게 됨으로써 그러한 결과가 과거 고문으로 인한 후유증임을 확인하게 되는 것이라 볼 수 있겠다. 북한이탈주민의 경제적 어려움 역시 만성적 질병과 밀접한 상관이 있다. 북한이탈주민의 이직과 구직의 어려움이 '건강이 좋지 않아 쉬고 싶어서'라고 제시한 경우가 전체 응답의 27.8%로 가장 높았으며(한반도평화포럼, 2009), 윤인진(2007) 연구에서는 북한이탈주민의 건강문제가 미취업의 주된 이유임을 제시한 경우가 전체의 35.5%로 가장 우세한 결과를 나타냈다. 또한 북한이탈여성이 주변에서는 이해할 수 없는 고통스러운 신체화 증상을 호소하게 되는 경우도 제시되고 있다(이민영 · 김현경, 2007). 덧붙여 새로운 국가로 입국한 난민이주자의 경제적 가난과 무직은 이주한 이후 결혼생활의 파탄과 연계되고, 결과적으로 취약한 개인을 고립시키게 된다는 국외 연구결과(Behnia, 2002; Robertson et al., 2006)를 뒷받침한다.

정신건강 및 개인의 성격적 요인으로서 우울은 고문을 경험한 북한이탈주민 개인의 외상 후 충격에 영향을 미치고 있었다. 이는 코소보전쟁 중 알바니아 난민들에게서 나타난 정신건강문제와 사회적 기능 및 태도에서도 나타나는데, 남녀 모두에게서 강한 증오심, 복수심, 우울, 불안, PTSD 증상, 지나치게 높은 공격성을 보였다. 이러한 정서적 반응들은 고문이나 전쟁을 경험한 대상자들에게 나타나는 자연스러운 감정이라 볼 수 있겠다(Lopes et al., 2000; Michael et al., 2008; Silove, 2000).

반추는 외상경험에 의한 큰 상실 후에 따라오게 되는 문제의식과 정체성을 어떻게든 재형성해 보려는 것이다. 외상경험 초기에는 많은 사람들이 외상으로 인해 분쇄되어버린 모든 기억들을 차단시킴으로써 대처해 보려고 한다. 자기방어적 태도를 취하는 것이다. 그러나 회복 및 치유를 향한 반추는 오히려 외상사건을 기억하고(remembering) 처리하는 것(processing)을 의미한다. 외상으로 인해 '지속적인 존재로서의 자신(going on being)'이 깨어져버렸다면 다시 과거로 돌아가지 못할 것이다. 하지만 인간은 조각난 파편에서도 새로운 패턴을 만들 수 있는 능력이 있다는 점에서 과거에 직면해서, 현실에 연계되고, 미래에 접근

하여 회복 및 치유에 이르게 된다는 점을 시사하는 것이다(Alcock, 2003). 따라서 반추를 통해 고문과 전쟁을 경험한 대상자들의 내면에 삶에 대한 긍정적인 신념이 형성될 수 있다는 것이다. 일반적으로 심리적 영역으로서 고문과 같은 외상 및 극심한 고통을 경험한 개인의 전환과정은 정서적으로는 심리적 고통을 다루기 힘든 상태를 경험하면서, 비포괄적인 상태의 인지적 도식을 갖게 된다. 따라서 긍정적인 감정, 자존감, 집중력 등은 현저히 낮아지면서 상황을 근본적으로 통제하는 데 실패하기 쉽다. 때문에 2차적 반응으로 어느 정도의 반추(rumination)를 경험하게 되는데, 이것은 기존의 인지적 도식을 교정하고, 사건을 다룰 수 있도록 하기 위해서 새롭게 사고(renewed consideration)하는 것이라 할 수 있다. 이 기간 동안 활용되는 대처전략은 주로 정서중심적인 것이라고 할 수 있겠다. 과정의 세 번째 기간 동안 타인들로부터 정서적 지지와 상황에 대처하기 위한 새로운 방법들이 활용되는데, 타인들로부터의 지지적인 영향은 반추에서 초기 성장으로 가는 중요한 요인이 된다. 외상 및 고통 경험들이 수용되면서, 개인의 목표가 교정되고, 새로운 의미가 구성되면서 인지적인 도식들이 변화되는 과정을 거치게 되는 것이다. 덧붙여 외상사건에 종교적인 의미가 부여될 때 2차적 통제의 형태로 해석적 통제(interpretive control)가 발생되는데(Rothbaum et al., 1982), 이러한 해석은 외상사건을 수용하는 데 기여한다고 파악되고 있다. 심리적 고통을 조절 또는 억제시켜 주며, 결과에 대한 의미를 재해석할 수 있는 인지적인 틀을 제공하고, 사회적 자원에 대한 접근을 촉진시키며, 사회적인 통합을 진작시키는 것으로 제시되고 있다(Newman & Pargament, 1990; Siegel, Anderman & Schrimshaw, 2001). 고문과 같은 외상을 경험한 대상자라 할지라도 자신의 어려운 상황을 해결하는 데 있어서 수동적으로 반응하지 않는다. 그들은 지금-여기에 존재하는 주변자원을 찾아 자신의 욕구를 반영할 수 없는 심리적으로 자난된 현실을 깨고자 시도한다. 어려운 상황에 직면하였을 때 도움을 줄 수 있는 사람을 찾아 나서는 것은 자신을 개방하고자 함으로써 강한 대인 간 관계를 형성하려는 시도인 것이다. 이러한 탄력성은 자신에게 합당한 지지망을 형성하고자 하는 새로운 행동전환이라 할 수 있다. 하지만 탄력성은 개인 혼자 형성할 수 있는 것이 아니라, 그 개인을 도우려는 주변 타인에 의해서 형성되고 발전되는 것이기 때문에 개인을 둘러싼 환경적 영향이 중요하게 반영된다는 점이 강조된다(Tedeschi & Calhoun, 1995).

본 연구결과에 의하면, 고문에 의한 외상 후 충격은 남한사람들의 사회적 지지가 부족할 때 그 충격의 정도가 심해지는 것으로 나타났다. 반면 북한출신으로부터의 사회적 지지는 영향력이 없는 것으로 나타났다. 이러한 영향은 캐나다 오타와로 이주한 난민들 중 전쟁과 고문을 경험한 대상자들의 경우, 이주 이후 다양한 어려움과 상실에 압도되어 같은 아픔을 경험한 대상자들 간의 상호 조력을 할 만한 에너지가 없는 상태에 놓이게 된다는 국외 연구(Behnia, 2002)와 일맥상통하는 결과라 할 수 있다.

북한이탈주민은 과거 외상경험의 영향으로부터 자신을 보호하기 위하여 같은 북한출신을 만나기 꺼려한다. 곧 그들이 자신의 자화상이 되기 때문이다. 북한이탈주민을 만나게 되면, 개인의 과거 외상경험이 떠올라 고통을 확인하게 되므로 심리적인 상처만 깊어질 뿐이다. 한국에 들어온 동기, 북한수용소에서 경험했던 수감원들 간의 폭력행위, 자아비판과 상호비판을 통한 상호 공격성, 중국으로 건너가 살 수밖에 없었던 이유 등은 북한이탈주민이라면 설명하지 않아도 그들만의 역사를 통해 공통적으로 인식하게 되는 사실들이다. 그렇기 때문에 그들은 남한에 입국하면서 더 이상 그러한 사실들의 확인을 통해 자신의 과거 외상경험의 고통을 확인하고 싶지 않은 것이다. 또한 북한이탈주민은 각자 처한 현실의 어려움에 대처하기 위해 자신에게 도움이 될 수 있는 사람들을 만나고 싶어 한다. 그러나 주변의 북한이탈주민 역시 물질적으로나, 정서적으로 같은 북한출신 사람들에게 현실적인 도움을 주기에는 인식 면에서, 능력 면에서 부족함이 많다. 그러한 사실들을 발견하게 되면서 같은 북한이탈출신과의 만남을 꺼리게 된다. 반면 낯선 현실에 흡수될 수 없는 개인의 입장에서 비슷한 상황에 있는 북한이탈주민끼리 모이게 되나 정서적 공허감을 메우기 위한 만남의 수준에 그치고 마는 것으로 나타났다(김현경, 2007, 2009; Kim & Lee, 2009).

사회적 지지란 사회체계 내에서의 상호작용을 통하여 심리적 스트레스의 근

원과 외상에 노출된 개인을 정서적 · 정신적으로 보호하는 완충역할을 함으로써 개인이 위기 또는 변화에 대해 적응할 수 있도록 도와주는 속성이 있다. 특히 터놓고 말할 수 있는 남한사람들로부터의 정서적 지지는 북한이탈주민의 외상 경험 이후 심리적 성장과 강한 상관이 있을 뿐만 아니라 외상 이후 심리적 성장에 대한 긍정적인 예측요인으로 나타났다(김현경 외, 2008).

자기효능감은 스트레스에 대한 반응을 하는 데 핵심적 역할을 하며, 위협적 상황에 대처하는 것에 대한 질(quality)을 결정하는데, 개인이 인식한 자기효능감은 다양한 외상경험 이후 심리적 회복을 매개하는 중요한 요인이 된다. 자기효능감에 대한 신념체계는 탄력성을 형성하는 데 영향을 미치며 심리사회적 기능의 질에도 영향을 미치는데, 스트레스와 혼란스러운 반추 그리고 회피적 행동을 감소시키는 데 연관된다는 점이다(Benight & Bandura, 2004). 북한이탈주민의 외상 후 스트레스 장애 연구에서 외상 후 스트레스 장애증상 정도가 높을수록 타인에 대한 수용성이 적었으며, 사고억제 성향이 높아졌다고 하였다. 이는 북한이탈주민이 경험한 외상들이 대인관계 및 사회성 발달을 저해하는 요인이 되고 있음을 알 수 있는데, 자기효능감이 최종적으로 재사회화 과정에 필수불가결한 요소 중 하나로서 타인에 대한 수용성을 개선할 수 있는 요인으로 나타났다는 연구결과(허성호 · 박은미 · 정태연, 2008)를 지지한다.

북한이탈주민과 같은 난민대상자의 과거 외상경험으로 인한 고통증상은 호전과 악화를 반복하게 되는데, 즉 고요하고 안정된 시기를 보내다가도 외상 촉발요인들로 인해 급격히 악화되기도 한다. 이때 난민대상자는 일정한 치료자와 장기적인 상호관계를 유지하고자 하는 욕구를 갖게 되는데, 이러한 안정애착에 대한 욕구충족은 그들의 심리적 안정의 지속성을 강화시킨다. 따라서 난민대상자와의 치유적 관계(healing relationship) 형성은 그들에게 심리적 안정과 안전감을 제공한다는 Herman(1997)과 Kinzie(2001)의 연구를 지지한다. 이 시기에는 결혼문제, 금전문제, 자녀양육, 사회문화적 지지 상실 등의 일상적인 이슈들도 같이 등장하게 된다(Kinzie, 2001). 따라서 정신건강전문가들은 난민 클라이언트의 심리사회적 기능에 부정적인 영향을 주는 정치적 · 사회경제적인 요인들을 인식하면서 그 개인이 현실에서 실질적으로 얻을 수 있는 혜택들을 다루어 주는 역할을 무시해서는 안 된다(Mahtani, 2003). 예를 들면, 보스니아 난민연구를 볼 때 병원을 근간으로 하는 건강체계와 약물을 지향하는 건강체계, 정신과적 돌봄은 만성적이고 심각한 경우로 국한시키고 지역사회 정신건강담당자는 난민들에게 심리사회적 프로그램이 포함된 원조조직의 중요성을 강조하였다는 점이다. 즉, 존엄성과 자기통제, 이주국에서의 삶에 대한 조망을 좀 더 넓게 확대 · 적용하면서, 동시에 직업에 대한 지속적인 사후관리가 따라올 때 외상으로 인한 정신건강 회복이 효과적임을 밝히고 있다(Jong et al., 1999).

결과적으로 고문으로 인한 외상 후 충격에 영향을 미치는 예측요인으로는 인구학적으로 여성인 경우, 북한에 두고 온 자녀가 있는 경우, 만성질병의 수가 증가할수록, 정신건강 및 개인성격적 요인으로는 우울, 반추, 자기효능감, 탄력성, 안정애착을 들 수 있으며, 사회경제적 요인으로는 남한사람의 사회적 지지와 경제적 걱정요인으로 밝혀졌다.

5. 사회복지서비스 실천을 위한 함의

본 연구는 북한이탈주민들을 대상으로 고문과 같은 극심한 외상 후 충격에 영향을 미치는 요인들을 밝혀봄으로써 그들을 접촉하는 임상사회복지사를 비롯한 정신건강전문가들이 인식해야 하는 실천적 기술을 다루고자 하였다.

일반적으로 북한이탈주민과 같은 난민이주자들의 외상경험은 물질적 박탈, 전쟁준비 상태 속에서의 생활, 신체적으로 받은 상처, 감금이나 탄압, 타인에게 해를 입히도록 강요당함, 가족 및 중요한 의미를 지니는 사람들의 실종 · 사별 · 상처, 타인이 폭력을 당하는 것을 목격함, 뇌손상 등이 그것이다(Mollica, 2000). 북한이탈주민이 경험한 고문과 같은 외상(trauma)은 예상할 수는 있으나 저항하기 어려운 위협적인 사건에서 비롯되기 때문에, 이러한 외상사건이 발생했을 때, 개인은 남한입국 이후에도 내적 혼란과 불안으로 인해 심리적 안정이

파괴되는 경험을 하게 된다. 따라서 외상상태는 관련된 외상사건을 재조직하고 분류하고 이해할 때까지 계속된다고 할 수 있다. 따라서 정신적 외상의 회복은 하나의 과정(process)으로 이해될 수 있다(김현경, 2009). 또한 고문이 개인을 무력화시키고 고립화시키는 것이라면, 사회적 지지와의 재결합을 촉진시키는 것은 고문으로 인한 후유증 치료의 목표가 되어야 할 것이다. 고문은 그 피해당사자뿐만 아니라 그가 속한 사회와 공동체 전체에게 피해를 입힌다는 사실을 명확히 밝혀야 하며, 그렇게 밝힘으로써 다른 사람들과 사회단체들이 이 문제와 연결되어 공동의 힘을 발휘할 수 있도록 할 수 있기 때문이다.

최근 한국사회에서도 UN이 정한 '고문피해자 지원의 날(6월 26일)'에 맞추어 고문피해자가 고문피해자를 돕는 '진실의힘'이라는 단체가 공식활동에 나선다고 보도된 바 있다(경향신문, 2010.6.15). 과거 한국사회에서 간첩누명을 쓰고 젊은 시절을 감옥에서 보낸 고문피해대상자들이 같은 고통을 경험한 대상자들을 돕기 위해 형성한 자조모임이라고 할 수 있겠다. 현재 인권변호사, 의학전문의, 임상심리사 등이 치료활동에 연계되어 있으며, 현재 고문피해자 부인들을 포함한 심리치료를 실행 중임을 밝혔다. 이들은 국가가 공식적인 기구를 만들어 피해자들의 치유와 재활을 도와주길 요청하고 있다.

변주나 외(2006)에서 제시된 바와 같이 고문을 경험한 북한이탈주민 개인들 역시 후유증에 대한 장기적 치료를 위한 정부의 노력을 원하고 있었으며, 심리적 안정을 위한 치료, 의료적 치료, 정신과 전문의와의 상담, 재활치료 역시 필요로 하고 있었다. 따라서 본 연구의 실천적 함의에서는 임상사회복지사를 포함한 정신건강전문가들이 고문과 같은 충격적인 외상을 경험한 난민이주자로서의 북한이탈주민들과의 접촉 및 실천과정에서도 적극적인 치료적 관계를 형성해야 할 필요가 있음을 강조하고자 한다. 덧붙여 고문이나 조직화된 폭력은 한 사회의 정치적 · 사회구조적 · 문화적 생태와 연결되어 있음을 인식할 필요가 있겠다. 따라서 고문에 대한 통합된 예방활동은 고문의 사회정치적 원인을 개선시키려는 인권적 차원에서의 노력과 국제적인 전문가 지지연결망(International professional support network) 구축 활성화에 있음을 강조하고자 한다.

참고문헌

강성록(2000). 탈북자들의 외상척도 개발 연구. 연세대학교 대학원 석사학위논문.

경향신문(2010.6.15). 고통이 고통을 보듬다. 고문피해자가 고문피해자를 돕는 '진실의 힘' 25일 출범.

국가인권위원회(2010). 인권위, 탈북여성 인권상황 실태조사 발표 : 북한, 제3국, 국내 정착과정에서의 인권침해사례. 정책교육국 인권정책과.

김아영(1997). 학구적 실패에 대한 내성의 관련변인 연구. **교육심리연구**, 1(2), 1-19.

김윤성 역(2008). **고문의 역사**. 브라이언 이니스 지음. 도서출판 들녘.

김현경(2007). 난민으로서의 새터민의 외상(trauma)회복 경험에 대한 현상학 연구. 이화여자대학교 대학원 박사학위논문.

_____(2009). **현상학으로 바라본 새터민(탈북이주자)의 심리적 충격과 회복경험**. 한국학술정보 (주).

김현경 · 엄진섭 · 전우택(2008). 북한이탈주민의 외상경험 이후 심리적 성장. **한국사회복지연구회**, 39, 29-56.

네이버 영화 홈페이지(2013). 영화 '48M' 줄거리 요약.

네이버용어사전(2010).국제고문방지협약. http://terms.naver.com/item.nhn?dirId=703&docId=868

변주나 · 정남옥 · 김윤태 · 유양경(2006). 탈북자 고문피해 실태. **재외한인연구**, 16, 81-108.

북한인권시민연합 홈페이지(2010). http://www.nkhumanrights.or.kr/

신선영(2009). 삶의 의미와 사회적 지지가 외상 후 성장에 미치는 영향 : 성장적 반추를 매개변인으로. 가톨릭대학교 대학원 석사학위논문.

윤인진(2007). 북한이주민의 건강과 경제적응의 관계. **보건과 사회과학**, 21, 65-96.

이민영 · 김현경(2007). 새터민 여성의 이주로 인한 상실의 극복체험-남한남성과 결혼한 여성을 중심으로-. **사회복지연구**, 35, 525-554.

이상준(2006). 가정폭력 경험 청소년의 탄력성과 보호요인. 가톨릭대학교 대학원 박사학위논문.

이영호 · 송종용(1991). BDI, SDS, MMPI-D 척도의 신뢰도 및 타당도에 대한 연구.

한국심리학회지 : 임상, 10, 98-110.

이창호 · 정승용 · 전우택(2003). 고문에 대한 정신의학적 고찰. 대한신경정신의학회, 42(4), 34-44.

전우택 · 윤덕룡 · 엄진섭(2004). 남한 내 북한이탈주민들의 의식 및 생활만족도 연구. 신경정신의학, 43(1), 93-104.

좋은벗들(1999a). 두만강을 건너온 사람들. 정토출판.

_______(1999b). 사람답게 살고 싶소. 정토출판.

최지연(2000). 자기효능감과 스트레스 대처방식이 지연행동에 미치는 영향. 연세대학교 대학원 석사학위논문.

탈북자 동지회 홈페이지(2010). http://www.nkd.or.kr/

한반도평화연구원(2008). 탈북자, 그 7년간의 삶들. 제12회 한반도평화포럼.

_____________(2009). 이 땅에서의 첫해, 500명 북한이탈주민의 삶과 생각. 제16회 한반도평화포럼.

허성호 · 박은미 · 정태연(2008). 탈북자의 C-PTSD 주된 증상 및 회피성향 개선요소. 한국심리학회 연차학술발표대회 논문집, 174-175.

Alcock, M.(2003). Refugee Trauma-the Assault on Meaning. *Psychodynamic Practice*, *9*(3), August, 291-300.

Basoglu, M., & Paker, M.(1995). Severity of trauma as predictor of long-term psychological status in survivors of torture. *Journal of Anxiety Disorder*, *9*, 339-350.

Basoglu, M., Mineka, S., & Paker, M.(1997). Psychological preparedness for trauma as a protective factor in survivors of torture. *Psycholgical Medicine*, *27*, 1421-1433.

Basoglu, M., Paker, M., & Paker, O.(1994). Psychological effects of torture : A comparison of tortured with nontortured political activists in Turkey, American. *Journal of Psychiatry*, *151*, 76-81.

Basoglu, M., Paker, M., Özmen, E., Tasdemir, Ö., Sahin, D., Ceyhanh, Z. et al.(1996). Appraisal of self, social environment, and state authority as a possible mediator of posttraumatic stress disorder in tortured political activists. *Journal of Abnormal Psychology*, *105*, 232-236.

Beck, A. T., Ward, C. H., Mendelson, M., Mock, J., & Erbaugh, J.(1961). An Inventory for measuring depression. *Archives of General Psychiatry, 4*, 561–571.

Behnia, B.(2002). Friends and caring professionals as important support for survivors of war and torture. *International Journal of Mental Health, 30*(4), 3–18.

Beiser, M., & Hou, F.(2001). Language acquisition, unemployment and depressive disorder among Southeast Asian refugees : A 10–year study. *Social Science Med, 53*, 1321–1334.

Benight, C. C., & Bandura, A.(2004). Social cognitive theory of posttraumatic recovery : the role of perceived self efficacy. *Behavior Research and Therapy, 42*, 1129–1148.

Brian, I.(1998). *The History of Torture*. Amber Books Ltd.

Calhoun, L. G., Cann, A., Tedeschi, R. G., & McMillan, J.(2000). A correlation test of relationship between post–traumatic growth, religion, and cognitive processing. *Journal of Traumatic Stress, 13*, 521–527.

Chung, R. C., Kagawa–Singer, M.(1993). Predictors of psychological distress among Southeast Asian refugees. *Social Science Med, 36*, 631–639.

Conner, K. M., Jonathan, R. T., & Davidson, M. D.(2003). Development of a new resilience scale : the Connor–Davidson resilience scale(CD–RISC). *Depression and Anxiety, 18*, 76–82.

Ehlers, A., Maercker, A., & Boos, A.(2000). Posttraumatic stress disorder following political imprisonment : The role of mental defeat, alienation, and perceived permanent change. *Journal of Abnormal Psychology, 109*, 45–55.

Ekblad, S., Prochazka, H., & Roth, G.(2002). Psychological impact of torture : a 3–month follow–up of mass–evacuated Kosovan adults in Sweden. Lessons learnt for prevention. *Acta Psychiatry Scand, 412*, 30–36.

Feeney, J., Noller, P., & Hanharan, M.(1994). Assessing adult attachment, In M. Sperling, & H. Berrnan(Eds.), *Attachment in adults : Clinical and developmental perspectives*(pp.128–152). New York : Guilford.

Foa, E. B., Zinbarg, R., & Rothbaum, B. O.(1992). Uncontrollability and unpredictability in post–traumatic stress disorder : An animal model. *Psychological Bulletin, 112*, 218–238.

Gorst–Unsworth, C., & Goldenberg, E.(1998). Psychological sequelae of torture and organized violence suffered by refugees in Iraq : Trauma–related factors compared with social factors in exile. *British Journal of Psychiatry, 172*, 90–94.

Hauff, E., & Vaglum, P.(1995). Organized violence and the stress of exile–predictors of mental health in a community cohort of Vietnames refugees three years after resettlement. *British Journal of Psychiatry, 166*, 360–367.

Herman, J. Lewis(1997). *Trauma and Recovery*. Basic Books.

Hinton, W. L., Chen, Y. C., Du, N., Tran, C. G., Lu, F. G., Miranda, J., & Faust, S.(1993). DMS–III–R disorders in Vietnamese refugees : Prevalence and correlates. *Journal of Nervous Mental Disorder, 181*, 113–122.

Holtz, T. H.(1998). Refugee trauma versus Torture trauma : A retrospective controlled cohort study of Tibetan refugees. *Journal of Nervous and Mental Diseases, 186*(1), 24–34.

Horowitz, M., Wilner, N., & Alvarez, W.(1979). Impact of Event Scale : A measure of subjective stress. *Psychosomatic Medicine, 41*(3), 209–219.

Iacopino, V., & Heiser, M.(1996). Physician complicity in misrepresentation and omission of evidence of torture in post–detention medical examination in Turkey. *JAMA, 276*(5), 396–402.

Jari, A. S., Samir, Q., & Raija–Leena, P.(2005). Adult attachment, posttraumatic growth and negative emotions among former political prisoners. *Anxiety, Stress, and Coping, 18*(4), 361–378.

Jong, Kaz de, Ford, N., & Kleber, R.(1999), Mental health care for refugees from Kosovo : the experience of Medecines Sans Frontieres, *The LANCET, 353*, Aug, 1616–1617.

Kanninen, K., Punamäki, R. L., & Qouta, S.(2002). The relation of appraisal, coping efforts and acuteness of trauma of PTS–symptoms among former political prisoners. *Journal of Traumatic Stress, 15*, 245–253.

Kim, H. K., & Lee, O. J.(2009). A Phenomenological Study of the experience for North Korean Refugees. *Nursing Science Quarterly, 22*(1), 85–88.

King, L. A., King, D. W., Fairbank, J. A., Keane T. A., & Adams, G. A.(1998).

Resilience−recovery factors in post−traumatic stress disorder among femail and male Vietnam veterans : hardiness, postwar social support, and additional stressful life events. *Journal of Personality Social Psychology*, *74*, 420−434.

Kinzie, J. D.(2001). Psychotherapy for Massively Traumatized Refugees, American. *Journal of Psychotherapy*, *55*(4), Fall, 475−491.

Lazarus, R. S., & Folkman, S.(1984). *Stress, Appraisal and Coping.* New York : Springer.

Lopes, C. B., Vergara, A., Agani, F., & Gotway, C. A.(2000). Mental health, social functioning and attitudes of Kosovar Albanians following the war in Kosovo. *Journal of American Medical Association*, *5*, 569−577.

Mahtani Aruna(2003). The Right of Refugee Clients to an Appropriate and Ethical Psychological Service. *The International Journal of Human Rights*, *7*(1), 40−57.

Martin, L, L., Tesser, A., & McIntosh, W. D.(1993). Wanting but not having : The effects of unattained goals on thoughts and feelings. In D. M. Wegner & J. W. pennenbaker(Eds.), *Handbook of mental control*(pp.552−572). Englewood Cliffs, NJ : Prentic Hall.

Michael, A. G., Linda, P., Derek, F., Alexander, R. B., & Robert, B. S.(2008). Treating survivors of torture and refugee trauma : A priliminary case series unsing Qigong and T'ai Chi. *The Journal of Alternative and Complementary Medicine*, *14*(7), 801−806.

Molica, R. F.(2000). The special psychiatric problems of refugees. In Gelde, M., Lopez−Lbor, J., Andreason, N.(Eds.), *New Oxford textbook of Psychiatry(2)*. Oxford University press.

Mollica, R. F., Donelan, K. et al.(1993). The effect of trauma and confinement on functional health and mental health status of Cambodians living in Thailand−Cambodia border camps. *JAMA*, *270*(5), 581−586.

Muller, R. T., & Lemieux, K. E.(2000). Social support, attachment, and psychopathology in high risk formerly maltreated adults. *Child Abuse and Neglect*, *24*, 883−900.

Newman, J. S., Pargament, K. I.(1990). The role of religion in the problem−solving process. *Review of Religious Research*, June, *31*(4), 390−345.

Papadopoulos, R. K.(2001). Refugee families : issues of systemic supervision, The Association for Family Therapy. *Journal of Family Therapy, 23*(4), 405–422.

Punamäki, R. L., Kanninen, K., & Qouta, S.(2002). The role of defenses in moderating and mediating between trauma and post–traumatic symptoms among Palestinian men. *International Journal of Psychology, 37*, 286–296.

Robertson, C. L., Halcon, L., Savik, K., Johnson, D., Spring, M., Butcher, J., Westermeyer, J., & Jaranson, J.(2006). Somali and Oromo refugee women : trauma and associated factors. *Issues and Innovation In Nursing Practice, 13*, 577–587.

Rothbaum, F., Weisz, J. R., & Synder, S. S.(1982). Changing the world and changing the self : A two–process model of perceived control. *Journal of Personality and Social Psychology, 42*, 5–37.

Schweitzer, R., Melville, F., Steel, Z., & Lacherez, P.(2006). Trauma, post–migration living difficulties, and social support as predictors of psychological adjustment in resettled Sudanese refugees. *Australian and New Zealand Journal of Psychiatry, 40*, 179–187.

Shrestha, N. M., Sharma, B., Van Ommeren, M., Regmi, S., Makaju, R., & Komproe, I.(1998). Impact of torture on refugees displaced within the developing world : Symptomatology among Bhutanese refugees in Nepal. *JAMA, 280*, 443–448.

Siegel, K., Anderman, S. J., & Schrimshaw, E. W.(2001), Religion and coping with health–related stress. *Psycholog and Health, 16*, 613–653.

Silove, D.(2000). The psychosocial effects of torture, mass human rights violations, and refugee trauma : Toward an integrated conceptual framework. *The Journal of Nervous & Mental Disease, 187*(4), April, 200–207.

Silove, D., Steel, Z., Mcgorry, P., Mohan, P.(1998). Trauma exposure, post–migration stressors, and symptoms of anxiety, depression and post traumatic stress in Tamil asylum–seekers : Comparison with refugees and immigrants. *Acta Psychiatry Scand, 97*, 175–181.

Skylv, G.(1992). The physical sequelae of torture. In M. Basoglu(Ed.). *Torture and its consequences*(pp.38–55). Cambridge, UK : Cambridge University Press.

Stepakoff, S., Hubbard, J., Katoh, M., Falk, E., Mikulu, J. B., Nkhoma, P., Omagawa, Y.(2006). Trauma healing in refugees campas in guinea : A psycho-social program of Liberian and Sierra Leonean survivors of torture and war. *American Psychologist, 61*(8), 921–932.

Tedeschi, R., & Calhoun, L.(1995). *Trauma & transformation : Growing in the aftermath of suffering*. Thousand Oaks, CA : Sage.

______________________(1999). *Facilitating posttraumatic growth : A clinician's guide*. Mahwah, NJ : Lawrence Erlbaum Associates, Publishers.

Tedeschi, R., Park, C., & Calhoun, L.(1998). Posttraumatic growth : Conceptual issues, In Tedeshi, R., Park, C., & Calhoun, L.(Eds.). *Posttraumatic growth : positive changes in the aftermath of crisis*. Mahwah, NJ : Lawrence Erlbaum Associates, Publishers, 1–17.

The World Medical Association Declaration of Tokyo(1975). Guidelines for Medical Doctors concerning Torture and Other Cruel, Inhuman or Degrading Treatment or Punishment in relation to Detention and Imprisonment Adopted by the 29th World Medical Assembly. Tokyo, Japan, October 1975.

03
CHAPTER

각설탕 : 동물복지에 대한 새로운 시선을 가능케 하다

1. 서구의 동물복지 역사

2. 한국의 동물복지 관련법

3. 동물매개치료(AAT : Animal Assisted Therapy)란 무엇인가?

CHAPTER 03

각설탕[1] : 동물복지에 대한 새로운 시선을 가능케 하다

제주도 푸른 목장에서 태어나고 자란 여자 주인공 시은은 엄마 없이 외롭게 성장하면서 어릴 적부터 유난히 말을 좋아하고 말과 친하게 지내는 아이다. 시은은 특히, 태어나자마자 자신처럼 엄마를 잃은 말 천둥이에 대해 각별한 애정을 갖는다. 둘은 누구보다도 서로를 아끼고 따르며 함께 성장한다. 그녀에게 천둥이는 분신과도 같은 존재였다. 그러던 어느 날, 천둥이가 다른 곳으로 팔려가면서 둘은 원치 않는 이별을 하게 된다. 두 해가 흘러, 과천에서 생활하며 여자 기수의 꿈을 키워오던 시은이는 우연한 장소에서 운명적으로 '천둥이'와 마주하게 되고 둘은 서로를 알아보며 감격적으로 재회한다. 시은의 각별한 지도로 천

---

1) 2006년 이환경 감독의 영화

둥이는 조금씩 경주마로서 실력을 되찾게 되고 둘은 '경마대회'에 함께 출전하게 된다. 천둥이와 함께라면 세상 끝까지라도 달릴 수 있었던 시은과 그녀의 꿈을 함께 이뤄주고 싶은 천둥이의 진정한 교감을 보여주는 감동적인 이야기가 담겨 있다(네이버 영화 홈페이지, 2013).

미국 수의사 협회(AVMA)에서는 동물의 5대 자유로 ① 배고픔과 갈증 그리고 영양불량으로부터의 자유, ② 불안과 스트레스로부터의 자유(적합한 피난처와 안락한 쉼터의 마련), ③ 정상적인 행동을 표현할 자유(충분한 공간과 적절한 시설, 그리고 같은 종의 동반자와 함께하도록), ④ 통증과 상해, 질병으로부터의 자유(예방과 빠른 진단 및 치료), ⑤ 불편함으로부터의 자유(정신적 고통을 피할 수 있는 환경 조성)임을 제시하고 있다.

그렇다면 영화주인공인 천둥이는 왜 인간을 위해 달려야 했는가? 생각해 보지 않을 수 없다. 인간은 경제적 가치 추구 또는 오락 등을 이유로 동물을 투견이나 경마 등에 활용하고 있다. 하지만 최근 한국사회의 삶의 질이 향상되면서 동물과 함께하는 생활은 삶의 일부로 자리 잡았음을 느낄 수 있다. 우리나라가 선진국으로 나가기 위해서는, 인간과 함께하는 동물복지가 선행되어야 한다는 점은 아무리 강조해도 지나치지 않다고 할 것이다. 최근 소수의 국회위원들과 생명권네트워크 변호인단, 동물보호시민단체 카라 등은 국회에서 공동으로 기자회견을 열고 현재의 동물보호법을 동물복지법으로 명칭을 바꾸고, 동물학대 금지조항 및 처벌 강화, 실험동물 지위부여, 동물복지축산 인증 제시 등을 핵심으로 하는 동물보호법 전면 개정안을 발의한다고 밝혔다(조선일보, 2013.10.1. 동물복지 확대를 위한 동물보호법 전면 개정 발의, 동물학대 금지조항 및 처벌 강화, 실험동물 지위부여 등 반영).

1. 서구의 동물복지 역사

이미 서구권에서는 우리나라보다 훨씬 앞서 동물복지의 필요성을 느끼고 관련법규는 수없이 많이 만들었다. 동물학대방지에 관한 최초의 법률은 영국에서 1822년 동물학대 금지법안을 의결한 '마틴 법'이다. 1876년도에는 세계 최초 동물복지법이라고 알려진 'Prevention of Cruelty to Animals Act'가 영국의회를 통과하였다. 시간이 경과하면서 19세기 후반 및 20세기 초에는 이러한 관심사가 동물실험으로 발전되었다.

의학 · 생물학 연구의 한 방법으로 동물실험(인간을 대신하여 살아있는 동물에게 약물을 투여하거나 외상을 입혀 그 반응을 조사하였다)을 체계화한 것은 19세기 프랑스의 클로드 베르나르이다. 동물실험은 생물의 기능해명에 크게 기여했으나, 한편으로는 그 잔혹함 때문에 의학에 반드시 필요한가 하는 의문이 제기되었다. 동물실험 반대운동은 베르나르의 가족과 조수들로부터 시작되었다. 영국에서는 1876년 동물학대방지법이 제정되었으나, 그 후로도 동물실험은 점점 더 대규모화되어 현재 세계에서 연간 2~3억 마리가 사용되는 것으로 추정되었다. 1970년부터 미국, 유럽에서 동물복지라는 관점 아래 실험의 과학적 타당성에 의문을 갖고 동물실험 반대 시민운동이 일어났다. 이에 유럽회의는 1985년 동물실험을 5년 이내에 전폐하라는 권고를 채택하였다. 또 이탈리아의 남치롤 주 리히텐슈타인에서는 동물실험 전폐법이 제정되었다. 현재 토끼 눈 점막의 약물 자극성을 보는 트레즈테스트와 반수의 동물이 사망하는 양을 찾아내는 LD 50 테스트는 의학상 전혀 도움이 되지 않고 동물만 학대할 뿐이라 하여 세계적으로 폐지하려는 움직임이 강해지고 있다. 그리고 동물실험 외의 방법으로 배양세포를 사용하여 판정하는 방법, 시약으로 조사하는 방법, 고통을 느끼지 않는 생물로 실험하는 방법, 컴퓨터를 이용해서 판단하는 방법 등으로 대체(Replacement), 사용 동물 수의 감축(Reduction), 마취 등에 의한 고통 완화(Refinement)라는 3R을 추구하는 방법을 세계 연구자들이 공통으로 인식하게끔 되었다. 대체법 개발은 동물복지관점만이 아니라 세포배양 등 신뢰할 수 있는 저렴한 방법

을 찾자는 동기도 작용한 것으로 알려졌다(외교통상용어사전, 2013).

동물을 보호하려는 법은 동물보호법(animal protection act), 즉 동물의 복지(welfare) 및 보호(protection), 학대(cruelty)방지에 관한 법률로 설명될 수 있다. 나라마다 관습, 생활 및 과학수준에 따라 나름대로 동물의 복지, 보호, 학대방지 관계법을 제정 · 시행한다. 일반적으로 생물학적 분야에서 사용되는 동물의 복지는 동물을 사용하고 관리하는 사람뿐만 아니라 많은 일반 국민들에게도 관련된 문제가 있다는 관점에서 취급된다. 비록 그 수는 적다고 하더라도 반(反)동물체 실험자들은 인류나 동물에서 실험적인 이점이 있지만, 인간이 동물에게 고통을 주거나 고통스럽지 않은 실험이라도 동물을 사용할 권리가 없다고 주장한다. 그러나 이런 극단적인 주장을 받아들이는 사회나 국가는 없고 누구도 실험영역에서 동물의 사용을 전적으로 금지시키지는 못하고 있다.

미국은 1873년 동물복지법을 만들어 사람들이 동물을 취급하는 방법과 비록 사람의 식용으로 희생되는 동물일지라도 수송과정에 사료, 물, 휴식을 제공해야 하고 28시간을 초과하지 않으며, 동물에게 고통을 주지 않는 법률을 제정 · 시행하고 있다. 캐나다는 1961년, 독일은 1972년, 일본은 1973년, 프랑스는 1974년, 스위스는 1978년에 각각 동물학대방지 및 동물복지법을 제정 · 시행하고 있다. 한국은 1991년 5월 31일 법률 제4379호로 동물보호법을 제정 · 공포하여 동물학대를 금하고 동물을 적정하게 보호 · 관리하도록 시행하고 있다(두산백과, 2013). 이는 동물에게도 보호받아야 할 권리가 있다는 애니멀라이트(animal right)로 연계되어 설명될 수 있다.

동물복지와 가장 관련이 깊은 동물은 농장동물이라고 할 수 있다. 동물을 고통스럽게 가둬 기르는 공장식 축산은 생산량을 높였지만, 환경적 · 윤리적으로 심각한 문제들을 초래했다. 균형점을 찾기 위해선, 적정량의 난백질 섭취를 시키는 전반적인 육류섭취 감소가 동반되어야 한다. 하지만 농가의 소득도 고려하여 동물복지를 준수하는 축산농가는 노동환경을 편안하게 개선할 수 있고 정부의 지원과 홍보를 통해 소득을 증대시킬 수 있어야겠다. 그리고 동물을 살육하지 않고도 단백질 세포를 배양하는 방식으로(유전자 조작은 아님) 고기를 생산하는 방식이 세계적으로 연구 중이라고 한다. 향후 단백질 세포 배양육이 축산의 일부분이 되어 동물의 희생을 줄일 수 있게 되리라 전망하고 있다. 2020년의 유망직종 중 하나가 바로 '단백질 배양사'라고 한다.

동물복지는 인간의 통제하에 살아가는 모든 동물들이 기본적인 안정을 누릴 수 있도록 규칙과 제도를 정하는 것이다. 그 규칙과 제도는 사람들의 동의를 얻어 국회에 내놓아지고 강제력을 지닌 법으로 효력을 발휘하기도 한다. 동물복지는 동물에 대한 최소한의 자비이며, 동시에 인간을 돕고 인간을 위해 희생되는 동물에 대한 최소한의 예의다. 동물복지는 동물권리의 하위개념이다. 동물권리란, 사람에게 인권이 있듯이 동물에게도 마땅히 보호받아야 할 권리가 있다는 철학이다. 동물에겐 기본적으로 본성에 따라 살아갈 권리가 있으니, 사람은 동물의 본성을 마음대로 침해하며 이용할 수 없다는 것이 동물권리의 이론이다. 이에 비해 동물복지의 개념은 동물을 이용하되 살아있는 동안만큼은 공포나 고통을 느끼지 않도록 배려해야 한다는 원칙, 그것이 바로 동물복지다.

동물복지는 '농장동물, 전시동물, 반려동물, 실험동물' 이렇게 네 종류의 '비야생동물'을 대상으로 한다. 인간의 통제로부터 자유로운 야생동물은 보호의 대상이지만 복지의 대상은 아니다. 하지만 야생동물이 구조된 상황이라면 인간의 통제를 받게 된다. 그 통제기간 동안에는 야생동물도 동물복지의 혜택을 확실히 받아야 한다.

최근 세계 최대 패스트푸드 기업인 M사에서는 돼지의 동물복지보장에 적극적으로 나서고 있다. M사는 2012년 2월부터 돼지고기를 공급하는 업체들에게 스톨(stall, 길이 2m 폭 60cm의 철장우리)사육을 줄이기 위한 구체적인 계획을 요구해왔다. 스톨을 잔혹하게 생각하는 소비자들의 요구에 어울리는 기업이 되기 위해서였다. 이어 2013년 4월 19일에는 영국에서 영업 중인 모든 지점에서만큼은 100% 동물복지가 지켜진 돼지고기만을 사용하겠다는 중대발표를 하였다. 이렇게 소비자의 선택과 요구는 동물복지에 대한 진정한 변화를 이끌어낼 수 있다는 점을 시사한다고 볼 수 있겠다.

2. 한국의 동물복지 관련법

우리나라의 경우 동물보호법 제4장에 명시된 바와 같이 '동물복지 축산농장 인증제도'라는 것이 있다. 2012년, 산란계 농가를 대상으로 시작한 '동물복지 축산농장 인증제도'는 다른 농장동물들에게도 확대되었다. 농림부는 2013년 8월 이후부터 돼지의 동물복지 인증제를 시작하고, 2014년엔 육계, 2015년엔 한우와 육우, 젖소까지 단계적으로 시행해나갈 방침이라고 밝혔다. 2015년까지 인증제도에 대한 소비자의 호응이 좋다면, 그 다음부턴 오리를 비롯한 다른 농장동물들까지 그 대상을 확대할 여지가 생긴다. 농림부의 구체적인 계획은 유럽을 중심으로 한 세계적인 흐름 덕분이다. 동물복지를 입증할 수 없는 축산품은 이제 세계무역에서 따돌림당하게 될 처지다. 동물검역에 대한 국제기준을 수립하는 '국제수역사무국'은 2010년 명칭을 '세계동물보건기구'로 변경하고 동물복지의 증진에 앞장설 것을 널리 알리기도 했다. 한국정부가 무역의 이득만을 위해 동물복지정책을 억지로 계획하는 건 아니다. 2012년 농촌진흥청은 '공장식 밀집사육농장'보다 '동물복지농장'이 농가의 주머니를 훨씬 두둑하게 만든다는 연구결과를 발표했다. 정부가 동물복지축산의 경제성을 공식적으로 인정한 특별한 사건이다. 국민들의 의식도 예전과 같지 않다. 2010년 한 대학의 조사에 따르면, 조사대상자의 87%가 동물복지 축산물을 구입하고 싶다는 의사를 표현했다. 한국의 돼지농장이 농림부의 동물복지 인증표시를 받을 수 있는 조건은 다음과 같다. 기존의 스툴과 어미돼지를 가두는 분만틀을 사용하지 말 것, 새끼돼지의 날카로운 이빨을 다듬을 땐 줄로 갈아내는 연삭을 사용할 것, 꼬리 자르기 관행은 원칙적으로 금지할 것 등이다.

농림부는 2013년 돼지농장의 동물복지 인증제를 마련하기 위해 영국의 동물학대방지협회(RSPCA)가 제시하고 있는 기준을 적극 받아들였다. RSPCA는 농장동물 복지운동의 시초가 된 단체인데 그만큼 깐깐하기로 유명하다. RSPCA의 동물복지규정들은 '동물의 5대 자유'에 근거한다. 그 내용 안에는 사육환경에 대한 조건은 물론이거니와 운송이나 도축 과정에서 스트레스를 줄이는 방법까지 빼곡하다. 가령 새끼에게 젖을 먹이는 동물을 운송 중인 차량이라면 쉼 없이 9시간 이상을 달려선 안 된다. 9시간 후에는 반드시 1시간을 쉬어가야 하고, 운송차량엔 온도감시장치와 식수장치를 설치해 두어야 한다. 이런 세부규정을 알고 있는 사람만이 운전을 할 수 있다. 또 운전자는 필히 동물복지교육을 받고 시험에 통과해야 한다.

농림부에서는 2013년 3월, 동물복지를 고려한 동물운송과 도축의 세부규정을 마련했다. 아프거나 부상을 당해 제대로 서있지 못하는 동물, 태어난 지 열흘을 넘지 않았거나 임신상태가 만삭인 동물은 운송을 금지한다. 차량으로 운송할 땐 서있는 상태에서 자유롭게 고개를 움직일 수 있도록 머리 위 공간을 확보해야 하고, 운송과정에서 동물을 다룰 때는 함부로 때리거나 전기충격기를 사용할 수 없도록 했다. 도축장에 머무는 동안에도 불편을 느끼지 않을 적당한 공간과 충분한 물을 공급해야 한다. 도축 시 고통을 줄이고 신속하게 기절시키는 방법에 대한 내용들도 있다. 이 규정들은 앞으로 동물복지 축산농장 인증제도와 연결될 계획이다. 태어나서 죽음까지, 사육 · 운송 · 도축에 이르는 전 과정의 동물복지제도가 완성되는 것이다. 혹시 누군가 가짜로 동물복지 인증표시를 사용하는 걸 목격했다면 신고를 하라고 농림수산검역본부의 동물보호과는 문을 활짝 열어놓았다고 한다.

그렇다면 한국의 동물보호(복지)법은 어떠한지 살펴보도록 하자. 서울시가 그 본보기다. 2012년 서울시장선거가 치러진 이후, 서울시에선 수준 높은 동물정책들이 탄생하고 있다. 2013년에는 '동물생명존중헌장'을 발표하고 '동물의 날'을 제정했다. 동물보호정책 개발을 위한 연구지원도 추진한다. 동물보호단체, 수의사, 교수 등 동물분야의 전문가들이 지혜를 모아 '동물복지 종합계획'을 수립하기 위해서라고 한다. 일부 국회의원들 또한 시민사회단체와 손을 맞잡고 새로운 동물보호법 개정을 위해 애쓰고 있다. 동물보호법 개정은 국회의원들과 동물보호가들의 열띤 토론과 논의를 통해 이루어진다. 2013년 5월, 국회에 전해진 동물보호법 개정안은 '동물보호법'의 명칭을 '동물복지법'으로 바꿀 것을 제안하였다. 동물보호법은 '농장동물, 반려동물, 실험동물'을 대상으로 하는 것

이니 보호보다는 복지가 정확하고 구체적인 표현이다. 하지만 야생동물과 동물원 동물의 보호는 농림부의 동물보호법이 아닌 환경부의 「야생생물 보호 및 관리에 관한 법률」에서 다루어진다.

동물보호법에서 규정하고 있는 동물의 범위는 상당히 넓다. 동물보호법의 제2조에서는 '소 · 말 · 돼지 · 개 · 고양이 · 토끼 · 닭 · 오리 · 산양 · 면양 · 사슴 · 여우 · 밍크 등 척추동물로서 대통령령으로 정하는 동물'을 동물보호법의 대상으로 정하고 있다. 허나, 농림부에서 실제로 관심을 두는 농장동물의 대상은 '소, 돼지, 닭, 오리, 말' 정도가 전부라고 한다. 이 외의 동물은 모두 몇 마리가 사육되고 있는지조차 파악하기가 어렵다. 메추리, 거위와 같이 상대적으로 숫자가 적은 농장동물까지 실질적으로 포용할 수 있는 법과 제도가 완성되려면 앞으로도 숱한 개정과 보완이 필요하다.

한편 유럽연합에서는 동물복지의 대상에 물고기까지, 캐나다 동물보호협회는 문어까지 포함하고 있다. 새우와 게는 포함하지 않는다. 그렇다면 물고기와 문어의 고통은 고려해야 하지만, 새우와 게의 고통은 고려할 필요가 없다는 뜻인가? 그게 아니다. 인간 때문에 발생하는 모든 생물의 불필요한 고통을 줄여나가기 위해서, 과학적인 근거를 통해 고통에 보다 민감한 생물의 범주를 넓혀 간 것이다. 결국 동물복지 또한 제도와 법 이전에 사회적 약자인 동물을 배려하는 인간의 자비심이 우선되어야 한다는 점이다(박하재홍, 2013).

3. 동물매개치료(AAT : Animal Assisted Therapy)란 무엇인가?

최근 한국사회에서는 장애아동 및 병원환자 등에게 개와 말을 통한 동물매개치료를 시작하면서 동물을 활용한 치료적 효과에 관심을 나타내고 있다. '동물매개치료(AAT : Animal Assisted Therapy)'란 심리치료의 한 분야로서 클라이언트와 목적에 맞게 훈련된 치료도우미 동물, 그리고 전문적인 교육을 받은 매개심리사의 의도적이고 계획적인 활동을 통하여 인지적 · 정서적 · 사회적 · 교육

적 · 신체적 발달과 적응력을 향상시킴으로써 육체적인 재활과 정신적 회복을 추구하는 전문적인 분야이다.

동물매개치료의 역사는 다음과 같다. 개의 경우는 약 2,500년 전부터 반려동물로서 함께했다는 주장이 있다. 1792년 영국의 정신장애인 수용시설인 요크 수용소에서 토끼나 닭을 키우게 하여 자기통제력을 향상시키기 위해서 동물을 사용했다. 19세기에는 프랑스에서 전쟁으로 부상당한 병사들의 마비를 동반한 신경장애의 치료에 말을 이용한 승마요법을 활용하였다. 1919년 미국 워싱턴 DC의 성 엘리자베스 병원에서 정신질환을 앓고 있는 군인의 치료에 개를 활용했으며, 1942년 미국 뉴욕의 파울링 공군요양병원에서 전쟁에서 다친 병사들의 휴식과 긴장완화를 위해 다양한 농장동물과 함께하는 프로그램을 적용했다. 1962년 미국의 소아정신과 의사인 레빈슨(B. Levinson)이 자신의 진료를 받기 위해 대기실에서 기다리던 아동들이 자신의 애견 '징글'과 놀면서 아무런 치료를 받지 않고도 이미 치료가 되어있는 것을 발견하고 동물매개치료를 연구하면서 본격적으로 시작되었다. 1981년에는 호주에서 노인복지시설에 있는 노인들을 상대로 행복감과 도덕심에 대한 치료도우미 개에 대한 효과연구가 실행되었는데 60%의 노인들이 '보다 행복하다고 느낀다', '활발하게 되었다', '웃음이 더 늘어났다'라고 보고했다. 1975년에는 교도소의 죄수들을 상대로 치료도우미 개의 효과연구가 실행되었는데 공격성의 저하, 책임감 증가, 고립감의 감소가 보고되었다. 말기 암환자에게서는 죽음에 대한 공포, 절망감, 고립감의 저하 등의 효과가 있었다는 보고도 있다. 1976년 미국의 스미스(E. Smith)가 국제치료견협회(Therapy Dog International)를 설립하여 활동 중이다. 또한 1977년 미국에서 델타협회(Delta Society)가 발족되어 치료도우미 동물의 인증, 전문가 양성, 자원봉사자 교육, 출판 등의 사업을 한다. 1999년 Francois Martin 박사의 3~13세까지의 자폐증 아이들을 상대로 한 연구에서는 '개로 인해 웃음이 늘었다. 그 장소에서 관계없는 것에 주목하지 않고 개 자체만을 주목하였다. 또한 개가 일상대화에 포함되어 개를 필요한 존재로 생각하게 되었다'라는 효과를 보고 있다. 그 외 많은 연구가 공통적으로 개와 같이 생활함으로써 마음을 진정시키고

혈압이나 심장박동 수를 떨어뜨리는 효과가 있다고 보고하고 있다(한국동물매개치료복지학회 홈페이지, 2013).

동물매개치료의 방법은 치료자의 역량과 클라이언트의 상태에 따라서 Case By Case 방식으로 적용해야 하지만, 동물매개심리사나 자원봉사자가 치료도우미 동물을 데리고 클라이언트의 집이나 시설, 병원 등을 방문하여 프로그램을 진행하는 방문형과 동물매개치료실이나 시설 등에서 치료도우미 동물을 직접 기르면서 클라이언트의 치료에 활용하는 사육형과 특별한 시설을 갖추지 않으면 이용할 수 없는 승마치료 등과 같이 심리사와 클라이언트가 동물이 있는 장소로 가서 접촉하는 활동형 등이 있다.

그렇다면 동물매개활동(AAA : Animal Assisted Activity)과 치료를 분류해 보자. 동물매개활동에는 우선 수동적 매개활동이 있다. 이는 사람과 동물의 상호작용을 통하여 사람들의 정서적인 안정과 심리적인 안정, 신체적인 발달을 촉진시켜 삶의 질을 향상시키는 것이다. 즉, 전문적인 치료활동이라기보다는 반려동물과 함께 즐거운 시간을 보내는 정도의 오락적 · 교육적 · 예방적 기능에 중점을 두는 활동이다.

다음은 상호작용적 매개활동이 있다. 이 활동은 사람들이 직접 동물과의 상호작용을 통하여 동기를 유발시키고 신체적 활동의 증가와 사회성 등을 향상시키는 적극적인 동물매개활동으로서, 우리나라에서는 기본적인 훈련을 받은 치료도우미견과 자원봉사자 등이 사회복지시설이나 병원 등을 방문하여 활동하고 있다. 하지만 현실적으로 우리 사회에서 동물매개치료를 접한 환자와 보호자 그리고 병원에서의 요구에 비해 치료견과 치료사의 수는 상당히 부족한 점이 아쉽기만 하다(한국동물매개치료복지협회 홈페이지, 2013).

참고문헌

네이버 영화 홈페이지(2013). 영화 '각설탕' 줄거리 요약.

박하재홍(2013). 우리가 알아야 할 동물복지의 모든 것 : 돼지는 장난감이 필요해.

외교부(2013). 외교통상용어사전.

조선일보(2013.10.1). 동물복지 확대를 위한 동물보호법 전면 개정 발의, 동물학대 금지조항 및 처벌 강화, 실험동물 지위부여 등 반영.

한국동물매개치료복지협회 홈페이지(2013). 자료실.

CHAPTER 04

파파로티 : 학교폭력의 한계를 뛰어넘다

CHAPTER 04

파파로티[1] : 학교폭력의 한계를 뛰어넘다

이 영화는 실화를 바탕으로 각색하였다. 이 영화의 실제 주인공은 지난 2009년 SBS '놀라운 대회 스타킹'에 '고딩 파바로티'로 출연해 화제를 모았던 김호중 씨다. 당시 그 방송을 영화관계자가 보고 김호중 씨의 삶이 최근 한석규, 이제훈 주연의 영화 〈파파로티〉로 만들어지게 되었다. 불량 청소년에서 성악천재로 변신해 '스타킹'을 찾았던 김호중 씨는 방송 후 대통령 표창을 받았고, 독일 베를린 RUTC 아카데미에 유학을 다녀왔다. 유학생활 중에는 독일, 이탈리아, 프랑스의 각종 무대에서 전문가들의 호평을 받으며 세계적인 유망주로 주목받았다. 영화 〈파파로티〉는 조직에 몸담고 있지만 노래에 천부적 재능을 지닌 성악천재 건달 '장호'가 큰 형님보다 까칠한 음악선생 '상진'을 만나 펼쳐지는 이야기를 그린 작품이다. 장호는 조손가정에서 성장하여 주 양육자였던 할머니마저 돌아가시

1) 2013년 윤종찬 감독의 영화

면서 세상에 홀로 남겨진다. '언제는 3일 동안 한 마디도 안 한 적도 있었습니더. 누가 말을 걸어줘야 지껄이지요….' 의지할 성인이 부재했던 환경으로 인해 어린 나이에 건달세계에 들어간 '장호'는 융화될 수 없는 두 가지 재능을 타고나 밤에는 업소를 관리하는 깡패로, 낮에는 성악가를 꿈꾸는 학생으로 살아간다. 건달고딩 장호의 가장 무서운 상대는 큰 형님도, 상대조직도 아닌 그의 진가를 척 보는 순간부터 무시해버리는 냉소적인 선생 '상진'이다. 이처럼 캐릭터의 전형을 뒤엎는 반전매력으로 무장한 두 인물이 팽팽히 맞부딪히며 형성하는 갈등과 스토리는 예측을 빗나가는 의외성과 개성으로 시종일관 유쾌한 웃음을 만들어낸다. 그리고 물과 기름처럼 절대 섞일 것 같지 않았던 두 남자가 각종 사건 속에서 교감하고 변화해가는 과정은 절정을 향해 점점 고조되는 오페라의 선율처럼 최고의 순간을 향해 치달으며 잊지 못할 감동을 선사한다. 두 주인공은 교장선생인 덕생의 부탁으로 휴일임에도 불구하고 장호를 테스트하러 학교에 나온 상진이 학교 주차장에서 장호가 타고 있던 차와 접촉사고가 일어나면서 처음 만나지만, 실제 주인공 서○○ 선생님은 후배로부터 김호중 씨를 소개받고 만날 약속을 정하고 오전 10시에 만나 곧바로 실력을 테스트했고, 호중 씨는 실력을 인정받아 바로 김천예고로 전학올 수 있었다. 장호에게 악보를 읽을 수 있도록 도움을 준 여자친구 숙희(강소라 분)는 실제로는 김호중 씨와 각종 콩쿨대회 1, 2위를 휩쓸고 다닌 친구 이○○ 씨로 고등학교 졸업 후 서울대 음대 장학생으로 입학했다. 극중에서 조폭생활을 청산하고 노래만 하고 싶어 하는 장호를 대신해 조직폭력 보스를 만난 상진은 "손은 피아노 연주 때문에 안 된다. 대신 내 발을 자르고 제자를 놔주면 안 되냐"고 사정하는 장면이 있지만, 서○○ 선생님은 뉴스엔 인터뷰에서 "호중이가 조폭생활을 정리할 때 개입하지 않았다. 영화에는 극적 긴장감 때문에 보스를 만나는 장면이 들어가 있는데 실제로 내가 만난 적은 없다"고 한다. 또한 조폭 세력다툼에서 친한 형 창수가 칼에 찔려 죽는 장면도 극적 긴장도를 높이기 위해 삭제된 것이라고 한다(위키백과, 2013).

오늘날 우리 사회에서 학교를 다니고 있는 청소년은 약 713만 명에 이르고 있으나, 학교를 중도탈락한 청소년은 약 28만 명에 이르고 있다. 최근 아동청소년들은 학교폭력뿐만 아니라 가정폭력, 성폭력, 가출, 빈곤, 교칙부적응, 학습부적응, 질병 등 다양한 이유들로 인해 학업을 중단하고 있는데, 그 수준은 해마다 0.9~1.2%씩 증가하고 있는 추세이다. 뿐만 아니라 소년원, 소년교도소에 수감된 아이들도 약 2만 명에 이르며, 대안학교 및 직업훈련기관에 소속된 아이들도 약 8만 명 정도로 추산되고 있다(교육청 통계자료, 2013). 정신의학자인 A. Adler(1870.2.7~1937.5.28)는 인간의 행동과 발달을 결정하는 것은 인간존재에 보편적인 열등감 · 무력감과 이를 보상 또는 극복하려는 권력에의 의지라고 언급했다. 그는 청소년기에 꿈이 있는 아이는 좌절과 어려움을 극복할 수 있는 힘이 있다고 하였다. 이에 아동청소년기에 가장 중요한 영향을 주는 환경은 가정환경이며 동시에 학교환경임을 강조하였다. 따라서 교사의 역할을 부모의 역할만큼이나 중요한 것으로 제시했다. 결국 학령기에 속한 우리 아이들에게 발생하는 일들은 부모와 교사 그리고 가정과 학교를 지원하는 지역사회 연계라는 점을 유추할 수 있다. 2012년 2월 6일 실시된 학교폭력근절종합대책 이후 2013년 7월 관계부처 합동으로 학교폭력을 현장에서 해결하고자 하는 강력한 취지를 주요 골자로 다양한 영역에서 움직이고 있으며 몇 가지 주요 사항을 살펴보면 다음과 같다.

1. 우선 피해학생 종합지원체계를 구축(학교 · 교육청 · 교육부 · 관계부처)하여 피해학생에 대한 진단 및 피해 정도에 따른 맞춤형 종합지원체계를 구축하였다는 점이다

피해학생 종합지원체계

경미(예방적 개입)	단기심각(2주 이상)	장기심각(3개월 이상)
Wee클래스	**피해학생 전담 치료기관**	**해맑음센터 등 장기위탁기관**
• 초기 신속한 심리상담 및 치료 지원 • 학생진단 및 치료기관 안내	• 전문의, 임상심리사, 상담사 등 전문치유 • 사이코드라마, 가족힐링 캠프	• 장기기숙형 위탁 프로그램 운영 • 피해학생 보호자 치유 프로그램 운영 • 가족힐링캠프, 대학생 멘토링 등

피해학생 문제유형별 지역사회 연계체계 구축

- (성폭력) 원스톱 지원센터, 해바라기 아동센터, 쉼터 등
- (사이버폭력/ 인터넷중독) 상설 인터넷 치유학교, 청소년상담복지센터, 인터넷중독대응센터
- (자살충동 등 정신건강) 학생 정신건강증진센터, 국립 정신병원 내 피해 • 가해학생 전문치료센터
- (기타) 교육감 지정 전문치료기관, 병의원, 보건소, 피해학생을 위한 문화 • 예술 치유 프로그램 운영기관

찾아가는 상담 • 치유 서비스

- 피해학생을 직접 찾아가는 "우리 아이 행복 프로젝트"

■ 모든 시 · 도에 피해학생 전담 지원기관을 신설(교육청 · 교육부)

- 설치계획 : ('13) 15개 시 · 도(19개) → ('14) 17개 모든 시 · 도(21개)
- 중 · 고에서 초까지 지원대상을 확대하고, 지역 특색에 맞게 운영

  - (강원 사임당교육원) 학교폭력 피해어학생 전용 전담 지원기관으로 운영
  - (인천 피해자전담지원센터) 기존 Wee 센터를 피해자 전용 센터로 전환하여, 37개 지역사회 기관과 연계하여 가정의학과 전문의 두 명이 주 2회 센터에서 학생상담 실시

- 피해의 정도가 심각하고, 장기 치유 · 교육이 필요한 학생을 위해 기숙형 장기위탁과정 지원('14)

- (대전 해맑음 센터) 피해학생 및 보호자 전담 지원기관으로 상담, 심리검사, 공동체 활동, 연극 · 미술 · 음악치유, 가족캠프 등 지원('13. 7. 개소)
  ※ 프로그램 운영성과를 분석하여, '14년도부터 3개월 이상 프로그램 추진 검토

■ 피해학생 수요 및 필요에 따른 다양한 지원을 강화

- 피해학생이 적시에 치료받을 수 있도록 학교안전공제회를 통한 선 치료비 신청절차를 간소화하고, 지원범위 확대(교육청 · 교육부)

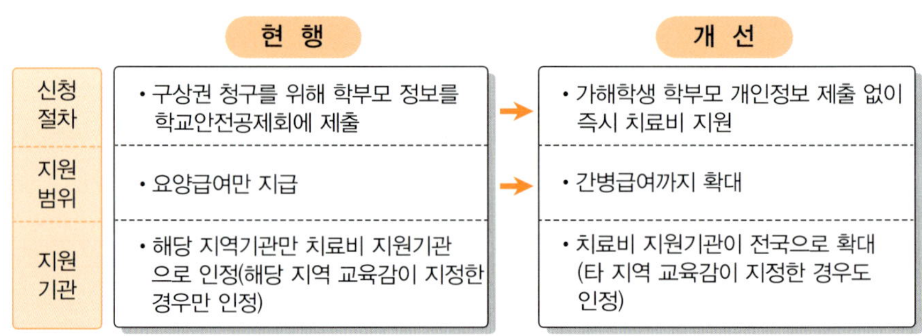

	현 행		개 선
신청 절차	• 구상권 청구를 위해 학부모 정보를 학교안전공제회에 제출	→	• 가해학생 학부모 개인정보 제출 없이 즉시 치료비 지원
지원 범위	• 요양급여만 지급	→	• 간병급여까지 확대
지원 기관	• 해당 지역기관만 치료비 지원기관으로 인정(해당 지역 교육감이 지정한 경우만 인정)		• 치료비 지원기관이 전국으로 확대(타 지역 교육감이 지정한 경우도 인정)

- 이동이 어려운 피해학생을 위해 찾아가는 상담 · 치료서비스 '우리 아이 행복 프로젝트*' 추진(교육청 · 교육부)
  * 학교폭력 피해학부모 등이 일정 기간 연수를 받은 후 다른 피해학생 및 학부모에게 공감형 상담 지원
- 피해학생 · 가족 힐링캠프 프로그램 운영('13, 3,000명)(교육청 · 교육부) 및 피해학생 문화 · 예술 치유 프로그램 지원(교육청 · 문화체육관광부)
- 심각한 피해로 인해 등교 어려움 또는 입원 등 장기치료가 필요한 피해학생을 위한 대학생 멘토링 지원(교육청 · 교육부)
  ※ 교과학습, 문화활동(연극, 영화 관람 등), 독서지도, 스포츠 활동 등 지원

■ 교원 상담역량 강화 및 학생 생활지도여건 조성

• 모든 교사에게 주기적인(5년) 상담연수기회 제공(학교 · 교육청 · 교육부)

• (대구 교육청) '전 교원 상담이수제'를 도입하여 5년 주기로 모든 교원의 상담연수를 의무화하고, 신규교사(초등) 임용 시 면접에 상담능력 반영

• 전문상담교사 배치 확대 추진(학교 · 교육청 · 안전행정부 · 기획재정부 · 교육부)

※ 전문상담교사 현황 : ('13) 1,889명 ⇒ 부처협의를 거쳐 확대

【전문상담인력의 안정적인 확보방안 마련(안)】

• (전문상담교사) 중장기 교원 수급계획과 연계하여 전문상담교사 정원 지속 확충

• (전문상담교사 미배치 학교) 전문상담사, 교원 중 전문상담교사 자격증 소지자, 보건교사, 시간제 공무원, 자원봉사자, 상담 · 심리학과 학생 등 활용

• 전문상담사의 안정적 확보 및 신분안정 방안을 모색하고 자격요건 및 직무연수를 강화하여 전문성 제고(교육청 · 교육부)

※ 무기계약직 전환 및 지방직 공무원화 추진 등 다각적으로 검토

• 학생 생활지도 및 상담여건 개선을 위해 학급당 학생 수 감축, 교원업무 경감 지속 추진(교육청 · 교육부)

※ 교원수급체계 개편, 교원업무경감을 위한 별도방안 마련('13, 교육부)

• 복수담임 간 명확한 업무분장 등 성공적으로 운영 중인 우수사례를 발굴 · 확산하여 복수담임제 활성화 지원(학교 · 교육청 · 교육부)

■ 학교급 · 지역별 여건을 고려한 상담기반 구축(교육청 · 여성가족부 · 교육부)

• ('13년) 모든 중학교 Wee클래스 설치, ('14년) 모든 교육지원청 Wee센터 설치, ('15년) 모든 시 · 도 교육청 Wee스쿨 설치

※ Wee클래스 : ('12) 4,658개교→ ('13.6) 5,158개교
※ Wee센터 : ('12) 140개(124개청)→('13.6) 171개(153개청)→ ('14) 199개(178개청)
※ Wee스쿨 확대계획 : ('12) 4개→ ('13.6) 6개 → ('15) 17개

※ 심층상담을 위한 청소년 동반자 확대 계획(여성가족부) : ('13) 985명 → ('17) 1700명

– 읍 · 면 지역에는 미니 Wee센터(2~3명), 이동상담실(Wee Bus 등) 운영 등 지역실정을 고려하여 설치

• (전남 고흥교육지원청) 버스를 개인상담실, 집단상담실 등 이동상담서비스 공간으로 구성하여 농 · 산 · 어촌, 소규모 학교로 찾아가는 상담서비스 지원(학기 중 주 4회 운영)

– Wee스쿨은 대안학교, 대안교육위탁기관, 특성화 대안학교 병설형 등 다양한 형태로 운영

■ 가족단위 상담, 관계개선 프로그램 지원강화(여성가족부)

• 건강가정지원센터('13, 152개소)에서 부모교육, 가족상담, 가족돌봄서비스, 가족캠프 등 다양한 가족관계 개선 프로그램 제공

■ 교육복지안전망 구축을 통한 선제적 예방(보건복지부 · 여성가족부 · 교육부)

• 취약계층 학생에게 학습, 문화 · 체험, 심리 · 정서, 보건 등 통합적 돌봄 지원을 확대하기 위해 교육복지우선지원사업 확대('13)

–기존 기초수급자에서 차상위계층(한부모가족보호대상자, 법정차상위 등)까지 고려하여 대상학교를 확대

※ 교육복지우선지원사업 현황 : ('12) 1,801개교 → ('13) 1,854개교

• 학교 밖에도 돌봄혜택을 받을 수 있도록 지역사회와 연계한 교육복지 안전망 확충

※ 드림스타트(보건복지부), 방과 후 아카데미(여성가족부), 청소년 休카페(서울시) 등

4. 학교역량 강화 및 지원을 확대한다

❖ (확대) 학교장(감) 법교육 등 학교폭력 관련인력 연수 강화
❖ (신규) 생활지도 특별지원학교 및 책임교사 지원 강화
❖ (개선) 자치위원회 학부모위원 조정 등 운영 내실화

■ **학교장(감) 법교육 등 관계부처 합동으로 학교폭력 예방활동에 참여하는 인력에 대한 연수지원 강화(교육청 · 법무부 · 경찰청 · 교육부)**

- 책임교사, 자치위원, 전문상담인력, 학생보호인력, 학교전담경찰관, 학부모 자원봉사자 등 대상으로 연 1회 이상 연수기회 부여
- 판례, 사례를 분석하여 학교폭력 예방과 사안처리를 위한 학교장, 교직원 책임과 역할에 대한 가이드라인 제시(교육부)

■ **사안발생 초기 불필요한 분쟁을 예방하기 위해 자치위원회 결정 전 또는 사안 조사결과 전 '피해자'와 '가해자'로 구분하는 규정을 '관련학생'으로 개정(교육부)**

■ **학교의 학교폭력 해결지원을 위해 교육법률지원단 및 컨설팅단 운영, 생활지도특별지원학교('13, 약 1,100개교) 지원 강화(교육청 · 교육부)**

※ 생활지도특별지원학교 책임교사 업무경감 등 지원 확대 : ('13.7) 400교 → ('13. 하반기) 1,100교(700교 추가지원)

■ **사안처리과정에서 교원의 역할 · 권한을 확대(학교 · 교육청 · 법무부 · 교육부)**

※ 따돌림 해소를 위한 교우관계 회복기간, 소년사범 결정 전 교사의견 청취제(법무부 – 한국교원단체총연합회 업무협약, '13.5.27) 등 내실있는 운영지원

■ **자치위원회 학부모위원 비율을 조정하여(교육부), 외부전문가(법률 · 의료 · 경찰 · 상담전문가 등) 확대 및 공정성 강화(학교 · 교육청)**

※ 객관적인 자치위원회 회의록 작성을 위해 작성 후 위원들의 확인절차 의무화

- 소규모학교의 경우 교육지원청 또는 여러 학교가 공동으로 자치위원회를 구성 · 운영(학교 · 교육청)할 수 있도록 제도개선('13~, 교육부)

5. 은폐 · 축소 및 부적절 대처 관리 · 감독을 강화한다

❖ (개선) 사안 신고 · 접수 시 즉시, 실시간 보고체계로 전환
❖ (신규) 학교폭력 민원신문고 및 특별점검단 운영

■ **학교–교육청 간 학교폭력 보고체계 등 개선**

- 학교폭력신고 접수 시 시 · 도교육청(교육지원청)에 즉시 보고하도록 개선하고, 주요 처리단계별로 실시간 보고(학교 · 교육청 · 교육부)

※ 학교폭력신고 접수 및 처리대장 표준서식 제작 · 보급('13)
※ 가 · 피해학생이 다른 학교인 경우 인지학교에서 관련학교로 통보 의무화('13)

- 은폐 · 축소 등을 시도한 교직원은 엄중한 처벌 및 피해자 전담기관 등에서 운영하는 특별연수 실시(교육청 · 교육부)
- 공정하고 객관적인 사안처리를 위해 시일이 소요되는 경우 피해학생 측이 원하는 경우에만 학교폭력대책자치위원회 개최시기 탄력적 운영(신고접수 후 7일 이내 → 14일 이내 연장가능)('13, 교육부)

■ **은폐 · 축소, 부적절한 화해종용에 대한 대응강화**

- 학교폭력 관련민원에 대한 신속한 해결을 지원하기 위해 중앙 및 교육청 단위에 '학교폭력 민원신문고' 운영(교육부 · 교육청)
- 은폐 · 축소 등의 민원발생 시 즉각출동하여 신속 · 공정한 처리를 지원하

는 '학교폭력특별점검단*' 운영('13. 하반기~)(교육부 · 교육청)

* 중앙 · 교육청 등 단위 점검단 구성 · 운영(변호사 · 상담사 · 감사팀 · 분쟁조정 전문가 · 업무담당자 등)

6. 안전한 학교환경 및 전 사회적 대응을 강화한다

학교폭력 신고시스템 개선방안은 다음과 같다.

❖ (신규/ 개선) 117 학교폭력신고 · 상담센터 기능개선 및 운영 내실화

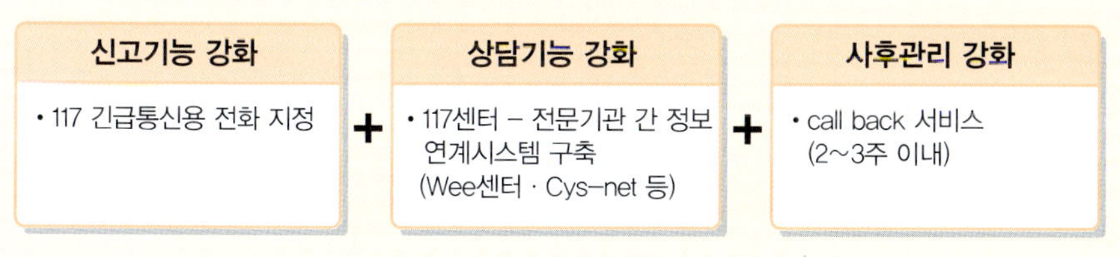

❖ (확대) '안심알리미 서비스' 기능개선 및 무료지원 범위 확대

❖ (신규) 교내 · 외 학생 익명 신고 · 상담시스템 구축

■ **117 센터 기능 개선 및 운영 내실화(경찰청 · 여성가족부 · 미래창조과학부 · 교육부)**

• 117 신고전화를 긴급통신용 전화로 지정

※ 긴급통신용 전화 : 112(범죄), 119(화재 · 조난), 113(간첩), 125(밀수) 등

• 117센터–전문기관(Wee센터 · Cys–net 등) 간의 정보연계시스템을 구축하고 상담종결건에 대해 사후관리(call back)서비스 제공

• 117신고 · 접수사건 중 피해학생 사후조치가 이루어질 수 있게 피해자 및 그 보호자가 원하지 않는 경우를 제외하고는 제3자 신고사건이 아닌 경우도 해당 학교에 통보하도록 개선

※「학교폭력 예방 및 대책에 관한 법률」 개정 추진('13)(117 본인신고 비율 : 65.8%)

■ **'안심알리미 서비스' 기능 개선 및 보급 확대(미래창조과학부 · 안전행정부 · 교육부)**

• 등하교 알림기능 중심의 기존 '안심알리미'를 긴급신고 및 위치전송이 가능한 'U-안심알리미'로 단계적 전환

– 피해학생*, 다문화가정 등 취약계층** 등으로 지원범위 확대

* 학교폭력 피해학생(초 · 중 · 고) 및 보호자 신청 시 서비스 지원
** 취약계층 학생 : 기초생활수급자, 차상위계층, 다문화가정 등

• 스마트폰 · 핸드폰 보유학생 대상으로 'SOS국민안심서비스(112앱, 원터치 SOS)' 가입 확대('12년 73만 명 → '13년 상반기 88만 명)

■ **학교폭력상황 발생 시 학부모에게 SMS로 즉시 통보(학교)**

■ **교내 · 외 학생 익명 신고 · 상담시스템 구축(학교 · 교육청 · 교육부)**

• 학생들이 교내 선생님이나 관련전문가와 언제, 어디서나 상담할 수 있도록 PC · 스마트폰 기반 익명 신고 · 상담기능 강화

익명 신고 • 상담시스템 운영(안)

	스톱불링(Stopbullying)	상담선생님
운영주체	• 단위학교(교육부 제공)	• 교육부 – 다음 – 국민은행 – 열린의사회
상담신청	• 홈페이지 비밀게시판에 신청	• 모바일 메신저 '마이피플'에서 신청
상담주체	• 전문상담교사, 담임교사, 교장 등	• 열린의사회 소속 전문상담사
비 고	• '13. 하반기 개발 · 보급	• '12. 8.부터 서비스 실시

7. 학교안전 인프라 확충 및 운영 내실화를 지원한다

❖ (신규 · 확대) 고화소 CCTV 확대, 범죄예방환경설계(CPTED, 100개교), 교내 · 외 학교안전 인프라 구축 및 운영 내실화

❖ (확대) 학교전담경찰관 확대(1인당 17개교 → 1인당 10개교)

■ **학교 내 · 외부 위험으로부터 학생을 안전하게 보호할 수 있도록 안전 인프라 확대 및 운영 내실화**

• 학교 내 고화소 CCTV(100만 화소 이상)를 단계적으로 확대하고, 자원봉사자 활용 등 모니터링 강화(학교 · 교육청 · 보건복지부 · 교육부)

※ 교내 CCTV(고화소 비율) : ('12) 10만대(고화소 3%) → ('13) 13만대(고화소 5%)

• 어린이보호구역, 도시공원 등 학교주변에 CCTV를 추가설치하고 시 · 군 · 구에 통합관제센터 구축 및 초등학교 CCTV와의 연계를 통해 학생안전 인프라 조성(학교 · 교육청 · 안전행정부 · 교육부)

• 초 · 여중 · 여고, 중 · 대규모 학교, 기타 안전 취약학교에 학생보호인력을 우선 추가배치하고, 자원봉사자 등을 활용한 교 · 내외 순찰 강화(학교 · 교육청 · 교육부)

※ 청소년유해환경감시단(전국 267개소, 1.8만 명)이 학교주변 야간순찰 강화, 선도 · 보호대상 청소년 귀가조치 등 지원(여성가족부)

※ 학생보호인력 채용검증 강화를 위한 범죄경력조회 실시 법적 근거 마련(「학교폭력 예방 및 대책에 관한 법률」 개정, '13.6.27. 본회의 의결)

■ **학교폭력 사전 예방효과를 위해 학교시설 설치 · 변경 시 범죄예방환경설계(CPTED)*를 적용하여 환경개선 추진(학교 · 교육청 · 교육부)**

* CPTED(Criminal Prevention Through Environmental Design) : 설계단계부터 범죄예방 환경설계(미관 증진, 오픈공간, 이용자 편의 등)로 범죄유발요인 감소

• 학교에서 적용 가능한 '학교 CPTED 가이드라인' 개발 · 보급 및 시범학교(100개교) 운영('13~)

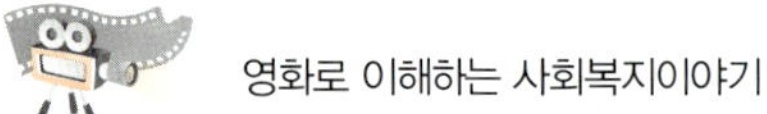

• (서울 공진중) 학교폭력 발생 우려장소를 학생들의 스포츠 · 놀이공간으로 변화(샌드백, 인공암벽, 학생 자율 공연장 등)시킴으로써 사각지대 해소 및 학생 정서순화 등을 통한 학교폭력 발생환경을 원천적으로 해소하는 역발상 적용

■ 학교반경 200M 이내를 '학생안전지역(Safe Zone)'으로 지정(안전행정부 · 경찰청 · 보건복지부 · 식약처 · 교육부)

* 학교환경위생정화구역(교육부), 어린이보호구역(안전행정부 · 경찰청), 아동보호구역(보건복지부), 어린이식품안전보호구역(식품의약품안전처)

• 학교주변의 위험요인(각종 범죄, 교통사고, 불량식품 등)으로부터 학생보호 강화를 위한 부처 간 협력 강화

■ 학교전담경찰관의 단위학교 지원 강화

• 효과적인 학교폭력 예방 및 대응을 위해 학교전담경찰관 증원 및 고위험학교 집중배치(교육청 · 경찰청 · 안전행정부 · 교육부)

※ 학교전담경찰관 : ('13.6) 681명(정원 193명) → ('14) 1,138명(1인당 10개교 담당)

학교전담경찰관 배치(안)

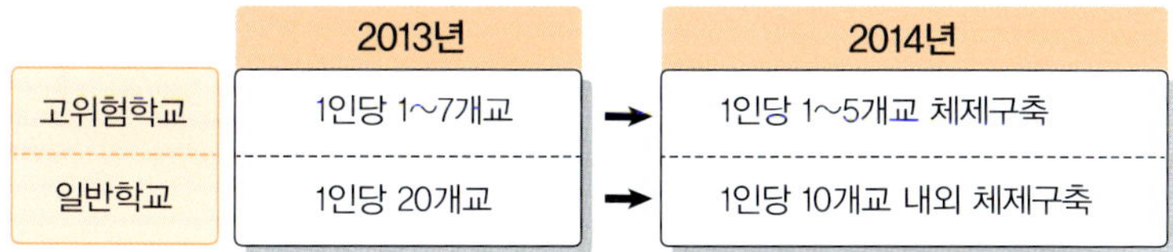

	2013년		2014년
고위험학교	1인당 1~7개교	→	1인당 1~5개교 체제구축
일반학교	1인당 20개교	→	1인당 10개교 내외 체제구축

- (독일 함부르크시) Cop4U 247명 경찰관을 총 497개교에 배치하여 교내범죄 발생 시 개입, 학생 · 학부모 상담, 학교주변 순찰활동 강화

– 학교전담경찰관의 학교지원활동 강화를 위해 학교별 여건을 고려하여 전담경찰관이 교내 상주해 활동할 수 있는 공간 제공

- (수서경찰서) 관내 모든 중 · 고에 전담경찰관 전용공간인 '열린 경찰 상담실'을 설치하여 학생들이 편하고 쉽게 이용할 수 있는 독립된 장소 확보

- 교원과 학교전담경찰관 및 학생보호인력과의 연계 · 협력 강화(경찰청 · 교육부)

  ※ 학교전담경찰관을 중심으로 핫라인 구성, 정보공유 및 교내외 취약지역 및 점심 · 쉬는시간 합동순찰 실시

- (서울 강동교육지원청) 중 · 고 생활지도부장과 학교전담경찰관 간담회 및 워크숍, 학교폭력 예방을 위한 교원 및 학부모 연수 등 실시

8. 지역사회의 예방 및 근절 활동을 확산한다

❖ (확대) 청소년 활동 프로그램 및 지역사회 참여활동 확대
❖ (신규) '학교폭력 예방 · 근절 우수지역' 도입
❖ (확대) 민간단체, 기업, 종교계, 대학 등의 예방활동 활성화
❖ (확대) 다각적인 홍보활동을 통해 대국민 인식 제고

■ **청소년의 사회적 역량강화를 위해 청소년 수요에 맞는 다양한 청소년활동 프로그램 확대 및 우수 프로그램 인증제 활성화(여성가족부)**

- 청소년이 건강한 끼를 발산하고 자기주도적 체험활동을 할 수 있도록 청소년문화존('13. 126개) 및 청소년동아리('13. 2,000개) 활성화
- 청소년활동 프로그램의 질 제고를 위해 우수 프로그램 인증제 활성화
- 청소년이 지역사회 인근에서 활동 프로그램에 참여할 수 있도록 생활권 수련시설인 청소년문화의 집과 청소년수련관 확충

  ※ 청소년문화의 집(개소)('12) 219 → ('13) 235/ 청소년수련관(개소)('12) 181 → ('13) 188

■ **청소년의 지역사회 참여활동을 통한 건강한 인성함양 제고(여성가족부)**

- 청소년이 직접 청소년정책 및 시설운영에 참여하는 청소년참여기구 운영 지원

  ※ 청소년특별회의(매년 400여 명), 참여위원회('13. 189개소), 운영위원회('13. 305개소)

> • (청소년특별회의) '07년 학교 내 학생상담체계 개선, '08년 학교 내 인권기구 설치, '10년 언어순화 강화, '11년 가족단위 체험활동 등 정책과제 정부부처에 제안
> • (인천 청소년참여위원회) '10년 지방자치단체 내 청소년 선도 및 보호 캠페인 추진
> • (과천시 청소년운영위원회) 청소년 성범죄 예방 UCC 제작 후 관련기관 배포

- 자율적으로 구성된 청소년팀이 직접 기획 · 운영하는 청소년 지역사회변화 프로그램 지원('13. 65개팀, 200만 원 내외)

> • (서울 망우청소년수련관 씨앗티움) 지역사회 봉사활동으로 청소년 학교폭력 알리미 카페를 운영하여 타인에 대한 배려심 증진

■ **지역사회의 예방활동 강화 및 우수모델 확산을 위한 '학교폭력 예방 · 근절 우수지역 인증제' 도입(안전행정부 · 교육부)**

【학교폭력예방 우수지역 인증제 도입(안)】

- (심사기관) 교육부, 안전행정부 합동/ 전문가로 구성된 별도의 심사위원회 구성 · 운영
- (심사대상) 기초 지방자치단체 단위(연 1회) → 3년 후 재평가 실시
- (심사내용) 지방자치단체 – 교육지원청 – 학교 간 협력을 통해 효과적으로 예방 · 대처하는 지역
- (심사결과) 지역 우수모델 발굴 · 홍보 및 활동 등을 위한 지원

■ **민간단체, 민간기업, 종교계, 대학 · 전문대학 등 지역사회의 학교폭력 예방 및 근절 활동 활성화(교육청 · 문화체육관광부 · 교육부 등 관계부처)**

- (민간단체) 학교폭력피해자가족협의회의 피해자 가족치유캠프 및 학교폭력 피해학생 전담 치유기관 위탁 운영, 청소년폭력예방재단의 피해 · 가해 학부모 간 분쟁조정 지원 및 학교폭력 신고 앱 '지킴 톡톡' 제공, 패트롤맘의 가해학생 엄마품 멘토링
  ⇒ 전문 민간단체 지원을 위한 예산 지원(교육부)
- (민간기업) 네이버의 학교생활컨설턴트, 현대해상의 아주 사소한 고백 콘서트, Daum – 열린의사회 – 국민은행의 Daum 상다미쌤, 풀무원의 체험형 밥상머리 교육 등
  ⇒ 정부 – 민간기업 간 업무협약(MOU) 체결 등을 통한 협력 강화
- (종교계) 조계종 25교구의 숲 속의 힐링캠프, 김포순복음교회의 학교상담 지원
  ⇒ 종교계 교육 · 치유 프로그램 운영 지원(교육부, 340백만 원)
  ⇒ 7대 종단과 연계, 청소년 역사 · 문화 프로그램(불교), 청소년 품성회복 프로그램(개신교) 등 청소년 인성교육 지원(문화체육관광부)
- (대학) 호남대 에듀라마 '나는 셔틀이다' 학교공연, 경일대학교 학교안전지킴이 봉사활동

■ **학교폭력 예방 및 근절 대국민 인식 제고(문화체육관광부 · 교육부 등 관계부처)**

- '학교폭력은 범죄'라는 인식을 더욱 확산하기 위해 일반국민에 대한 영향력이 큰 방송, 신문 등을 활용하여 대국민 홍보 확대
  ※ KBS 드라마 4부작 '사춘기 메들리'('13.7), 일일시트콤 '일말의 순정'('13.7), EBS 릴레이 공익광고('13.9.~, 총 100회) 등 학교폭력 예방방송 지속 송출
- 교육부 · 교육청 · 학교 등 기관 홈페이지, 학교폭력예방종합포털(stopbullying), 트위터 등 온라인 매체를 통한 학교폭력 예방캠페인 활성화

- 국민들이 친근하게 다가갈 수 있는 소재(개그콘서트 등)를 적극 활용하여 학교폭력 예방 동영상을 제작하여 배포('13)
- 교원 · 학부모의 학교폭력 예방 및 감지방법 등의 교육자료를 공익광고 등 다양한 콘텐츠로 제작하여 제공

참고문헌

교육청(2013). 중도탈락생 통계자료.

위키백과(2013). 영화 '파파로티' 줄거리 요약.

학교폭력관계부처합동회의(2013.7). 자료집 '현장중심 학교폭력 대책–학교폭력, 현장에서 해결한다'.

소원 : 아동성폭력의 심각성을 생각해 보다

1. 아동성폭력에 대한 부모인식 점검사항
2. 아동성폭력 예방광고의 효과
3. 아동성폭력 지역네트워크 운영체계
4. 여성성폭력 현황과 정신건강
5. 성폭력 후유증 및 증상에 대한 이해
6. 성폭력 가해자에 대한 정신적 이해
7. 성범죄자의 처벌규정에 대한 논란

CHAPTER 05

소원[1)]: 아동성폭력의 심각성을 생각해 보다

'소원'은 2008년 12월에 대한민국 경기도 안산시 단원구에 있는 한 교회 안의 화장실에서 조두순이 8세 여아를 강간상해한 사건을 다룬 영화이다. 사건 초기에는 잘 알려지지 않은 사건이나, 2009년 9월에 성범죄자에 대한 전자발찌 착용 사례로 KBS 1TV 〈시사기획 쌈〉과 뉴스에 소개되어, 곧 범행의 잔혹성과 범인의 파렴치함, 그리고 유아성범죄의 형량에 대한 논란을 불러일으킨 사건이다. 사건발생 초기에 사용되던 '나영이 사건'이라는 명칭이 비록 가명을 쓰고 있긴 하지만, 가해자가 아닌 피해자에 초점을 맞춘 명칭이라는 이유로 네티즌 사이에 비판이 일기 시작하였고, 그 이후로 조두순 사건으로 사용되었다. 2008년 12월

1) 2013년 이준익 감독의 영화

11일에 학교로 등교 중인 여자 초등학생(당시 8세)이 범인 조두순으로부터 유인당하여 교회 안 화장실로 납치되어 강간상해를 당했다. 이로 인해 피해자의 신체는 심하게 손상되었다. 범인 조두순(당시 56세)은 징역 12년형을 선고받았는데 형량이 가혹하다는 이유로 항소, 상고하였으나 모두 기각되어 12년형을 확정받았다. 범인의 나이가 많고 술을 먹은 상태, 즉 심신미약이 참작되어 형기가 줄어든 것이다. 2009년 1월 9일 강간상해죄로 기소된 가해자는 3월 4일 무기징역형을 구형받게 되나, 3월 27일 1심 판결에서 징역 12년을 선고받는다. 3월 30일 담당검사는 항소를 하지 않았고, 가해자인 조두순은 "형량이 너무 무겁다"며 항소를 하게 되나 결국 7월 24일 항소심이 기각되었다. 3일 뒤인 27일, 조씨는 다시 상고하게 되나 9월 24일 상고 역시 기각됐으며, 현재 청송 제2교도소 독방에 수감 중이다(위키백과사전, 2013).

성범죄는 징역 30년 이하(사건 당시는 15년 이하. 형법 제42조. 2010.4.15. 본조개정)이고 피해자가 미성년자인 경우 가중처벌된다. 이는 성범죄와 유아성범죄의 형량에 대한 논란으로 이어져 '다음 아고라' 청원이 이루어졌으며, 범인의 엽기적인 범죄행각과 재판에서의 뉘우침 없는 태도 때문에 많은 사람들에게 분노를 일으켜 국회, 청와대 홈페이지에 항의글이 빗발쳤다. 여론이 악화되자 2009년 9월 30일에 이명박 대통령이 국무회의 석상에서 "법에서 판단한 내용에 대해 문제를 제기하는 것은 쉽지 않다는 사실을 안다"면서도 "그러나 평생 그런 사람들은 격리시키는 것이 마땅하지 않나 하는 생각까지 할 정도로 마음이 참담하다"고 밝혔다(염영남. "이명박 대통령 '나영이 사건 말할 수 없이 참담'". 한국일보, 2009.9.30). 이귀남 법무부 장관도 조씨에 대한 가석방이 없을 것이라고 밝혔다. 또한 10월 1일에 여성부와 국가인권위원회 홈페이지에 많은 사람들이 제도개선을 요구하는 항의 글을 남겼다.

나영이의 가정은 생활보호대상가정으로 집안형편이 어려웠다. 나영이의 아빠는 일거리가 있을 때에만 일을 할 수 있는 일용직 노동자이고, 나영이 엄마는 가사도우미이다. 엄마는 딸의 미래를 위해 보험에 가입해 매달 2만 5천 원씩 보

험료를 납부했었다. 부모는 사건 이후 일을 그만두고 딸의 치료에만 매달렸다. 안산시에서 지원금을 받아 병원비와 각종 경비를 부담하고 있었다. 보험사도 끔찍한 사고를 감안해 4000만 원의 보험금을 지급했다. 그러자 안산시는 시에서 받은 긴급치료지원비 600만 원을 모두 반납하라고 명령하면서 만일 이행하지 않을 경우 전세금을 압류하겠다고 안산시장 명의의 공문을 지난 2009년 6월 발송하였다. 또 생활보호대상자 혜택도 중단한다고 통보했다. "원칙적으로 통장에 300만 원 이상의 잔고가 있으면 지원대상에서 제외된다"는 이유였다. 부모는 딸의 신체 중 일부기능이 영구상실됐고 앞으로 몇 년은 더 심리치료를 받아야 한다고 사정했으나 받아들여지지 않았다. 이 소식이 전해진 후 안산시의 홈페이지에 네티즌들의 비판글이 빗발쳤다. 이에 안산시 관계자가 지원금의 회수처분을 철회했고 기초생활급여도 다시 지급하게 되었다.

한편 2009년 10월 1일, 한나라당은 아동성범죄자 등 흉악범들의 형량을 높이는 방안을 추진하기로 하였다. 한나라당 원내대표는 '유기징역이 15년 이하로 되어 있는 현행 형법 제42조가 문제'라면서(2010.4.15. 본조개정 후 30년 이하로 개정됨) 비인간적이고 비인도적인 범행을 저지른 흉악범에게는 유기징역의 상한을 없애도록 검토해야 한다고 강조했다(김학재. "한나라당, '나영이 사건' 유기징역 상한 폐지를". 파이낸셜뉴스, 2009.10.1).

법원은 범인의 나이가 고령(당시 56세)이며, 평소 알코올중독과 통제불능으로 인한 심신미약상태가 인정되므로 "심신장애로 인하여 전항의 능력이 미약한 자의 행위는 형을 감경한다"는 형법 제10조 제2항에 의하여 형량을 낮추었다. 심신미약은 형법 제55조 제1항 제3호 "유기징역 또는 유기금고를 감경할 때에는 그 형기의 2분의 1로 한다"를 적용한 것이다. 그러나 일각에서는 조씨에게 이미 유아성폭행 등의 전과가 있고, 증거인멸을 위하여 치밀한 행동을 한 점을 들어 심신미약 적용으로 인한 감형이 부적절하다는 주장이 제기되고 있으며, 심신미약상태에서의 범행 시 감형한다는 형법 제10조 제2항 자체의 타당성에 대한 의문도 제기되고 있다. 검찰은 사건의 조사과정에서 '녹화가 안 됐다', '녹음이 안 됐다', '소리가 작다'고 하면서 피해아동에게 무려 다섯 번씩이나 진술을 반복하

게 하였음이 밝혀졌다. 피해아동의 주치의도 TV 토론 프로그램에 출연하여 아동성폭력범죄에 대한 조사는 선진국처럼 피해자의 연령과 심리상태를 감안하여 의사나 전문가를 통하여 피해자 진술이 이루어져야 하며, 그 진술이 법정에서 증거능력을 갖도록 하여야 한다고 지적하면서 현행 방식의 문제점을 지적하였다.

대한변호사협회는 이를 수사과정상의 문제점으로 지적하고, 국가를 상대로 손해배상소송을 청구할 예정이다(지연진. "대한변호사협회, '조두순 사건' 국가상대 손배소 추진". 뉴시스, 2009.11.2). 2009년 12월 15일 대한변호사협회는 검찰이 사건기록 복사요청을 거부하고 이를 취소한다는 내용의 서류까지 쓰게 했다며, 3,000만 원대의 손해배상소송을 냈다. 조사위원회가 밝힌 사유는 다음과 같다(장은교. "변협, 조두순 사건 진상조사결과 발표". 경향신문, 2009.12.15). 병원 응급실 간호기록지에 도착 당시 피해자의 질액을 채취했다고 나와있고, 피해자의 부모도 증거채취를 요구했지만, 재판과정에서는 증거로 제출되지 않았으며, 지금도 그 증거물의 행방이 묘연하다고 밝혔다. 또한 병원조사 때 가림막을 설치하지 않아서 피해자의 얼굴이 노출되었다는 점이다. 둘째, 성폭력법상 성폭력사건은 전담 검사가 수사를 진행하도록 되어 있지만, 비전담 검사가 수사를 했고, 비디오 녹화기계 조작미숙으로 피해자 진술녹화를 네 번이나 반복하게 했다. 재판과정에서도 검사는 경찰에서 조두순을 검거한 직후 비디오 녹화를 해둔 CD를 간과해 항소심 선고일 전날에야 뒤늦게 증거로 제출했다. 검찰은 성폭력 특별법이 아닌 일반형법으로 범인을 기소한 점, 12년형에 대한 항소를 포기한 점에 대하여 비판받고 있다. 이에 대해 2009년 12월 14일 대검찰청 감찰위원회는 담당검사에게 주의조처를 하라고 당시 검찰총장에게 권고했다(위키백과사전, 2013).

그리고 인터넷 포털 '다음 아고라'에서는 '나영이 사건 제발 나영이에게 도움을 주세요'란 모금청원을 2009년 10월 9일부터 2009년 10월 13일까지 진행하였다. 처음에 다음 측은 "많은 네티즌들이 서명을 했지만 언젠가 학교로 돌아가게 될 나영이가 행여 놀림을 받거나 상처를 받지나 않을까 걱정돼 어떤 모금도

원치 않는다는 나영이 어머님의 뜻에 따라 진행하지 않는 것으로 결정했다"고 밝혔지만 재차 가족과 협의를 하여 아이에게 조금이라도 힘이 될 수 있도록 진행되었다(황철환. "제2의 나영이 없어야… 모금열기 후끈". 연합뉴스, 2009.10.2). 모금이 종료된 이후에도 나영이에 대한 시민들의 정기(일시)적인 후원은 안산시청이나, 경기도사회복지공동모금회 등을 통하여 수혜자 지정기부가 가능하다.

후속대책으로는 2009년 12월, 정부와 한나라당은 조두순 사건을 계기로 아동성범죄에 대한 형량을 최대 50년까지 상향조정하기로 하고 공소시효도 폐지하기로 하였다. 또한 아동성범죄 혐의로 처벌받지 않는 최소 나이를 현행 14세 미만에서 13세 미만으로 강화하고, 어린이 보호구역 내 CCTV 확대설치, 약물투여로 인한 화학적 거세치료법 도입, 중대 아동성범죄자에 대한 얼굴공개, 전자발찌 착용 최대기한을 30년까지 연장하는 등 아동성범죄에 대한 여러 가지 대책을 마련하였다(위키백과사전, 2013).

우리 사회의 아동성폭력에 대한 잔혹성과 검찰의 무배려는 2008년 일명 '나영이 사건'[2]을 통해서, 아동성폭력에 대한 은폐성은 2011년 국내영화 '도가니'[3]를 통해 알 수 있다. 특히 7~12세 초등학생 여자 어린이가 성범죄자의 주된 표적이 되고 있는데, 2011년도 '아동청소년대상 성범죄 동향분석'에 따르면, 성폭

2) 2008년 당시 8세 초등학교 여학생인 나영이(가명)를 하굣길에 납치하여 무참하게 성폭행하였다. 탈장과 장기훼손으로 8시간 이상의 대수술을 두 차례 실행하고, 항문 및 대장 등 장기의 80%가 회복불가하여 평생 배변주머니를 옆에 차야 하는 등 치명적인 상해를 남긴 사건이다. 그 후 나영이 아버지는 아동성폭력 공소시효폐지운동에 앞장섰다. 당시 검찰은 불가피하게 나영이를 소환조사하면서 성폭력범죄 전담 검사를 배치하지도 않고, 영상물 녹화장치 조작미숙 등으로 수술회복이 제대로 되지 않아 앉아있지도 못하는 피해아동을 두 시간에 걸쳐 네 번씩이나 피해사실의 진술을 반복하게 하였다. 재판부는 검찰에 대한 나영이 부모 손해배상청구를 인정하여 1,300만 원의 지급판결을 내렸다.

3) 2000년부터 5년 동안, 광주 인화학교에서 일어난 청각장애아동을 대상으로 교장을 비롯한 교직원들이 저지른 성폭행사건을 바탕으로 하여 쓴 공지영 작가의 소설 '도가니'를 바탕으로 제작했다. 강인호는 청각장애아이들을 가르치는 기간제 교사로 일하게 되어 영화 속의 도시 전라북도 무진으로 내려갔다. 그는 부임 첫날부터 심상치 않은 예감을 받게 되었다. 바로 학교와 기숙사에서, 학생들에게 끔찍한 구타와 성폭행, 성추행이 오랫동안 빈번하게 자행되어오고 있었던 것이다. 강인호는 대학선배이자 무진인권운동센터 간사, 목사 그리고 학생의 어머니 등과 함께 사건의 실체를 파헤치고 이를 세상에 알리려고 한다는 내용으로, 그 후 이 영화의 영향으로 실제 광주 인화학교는 법적 폐교조치되고 관련교사는 구속되었다.

력 피해자 1,306명 중 41.8%가 7~12세 초등학교 여아라고 보고하고 있다. 즉, 아동성폭력 범죄자들은 다른 유형에 비해 아동에게 성적 느낌과 함께 성인보다 더 매력있다고 느끼는 소아기호증 경향이 있다고 한다(경향신문, 2012.9.3).

전문가들은 성범죄자들이 부모가 일하러 나가서 보호가 부재한 아이들을 대상으로 아이들이 학교를 마치고 집으로 가는 귀갓길이나 놀이터에서 기다렸다가 아이 혼자 있다는 사실을 확인하고 접근한다고 한다. 따라서 아동의 경우 낮이 밤보다 훨씬 위험하다고 할 수 있다. 또한 아동성범죄자를 연령별로 분류한 대검찰청 통계분석결과에서 청소년과 노년기 성범죄자의 심각성을 보여준다. 통계에 따르면, 전체 성범죄자 가운데 40대가 25%를 차지해 가장 비율이 높았다. 10대는 22%, 30대는 16%, 50대 성범죄자는 14%였다. 60대 이상은 12%나 됐다. '옆집 아저씨'가 저지르는 성범죄만이 심각한 것이 아니라 '옆집 오빠'나 '옆집 할아버지'도 마찬가지인 것이다. 성범죄 전과자의 재범률은 다른 범죄보다 훨씬 높다. 2010년에 성범죄로 검거된 2만 189명 중 9115명이 성범죄 전과가 있는 사람으로 나타나 재범률이 45.1%에 달한다. 그런데 성범죄자의 연령폭이 갈수록 넓어지고, 10대와 50 · 60대 이상 성범죄자가 갈수록 늘어나고 있다(조선일보, 2012.7.28). 하지만 2012년 8월에 발생한 전남 나주지역 초등학교 1학년 여아 납치성폭행 사건[4]을 보면 아동성폭력이 놀이터나 귀갓길에만 국한되지 않는다는 것을 알 수 있다. 가족과 함께 잠을 자고 있는 새벽시간에 집 안까지 들어가 아이를 안고 나와 범행을 저질렀다는 점에서 충격을 더하고 있다(경향신문, 2012.9.1)

---

4) 범인이 자주 간 PC방은 피해아동의 어머니가 자주 찾는 곳이었다. 범인은 PC방에서 피해아동의 어머니로부터 가족상황, 가정형편, 집구조 등을 이미 파악했던 것으로 보인다(경향신문, 2012.9.1. '제2 조두순 사건, 범인은 아동포르노 즐겨봤다…. 자신 뉴스 검색하다 PC방서 붙잡혀…').

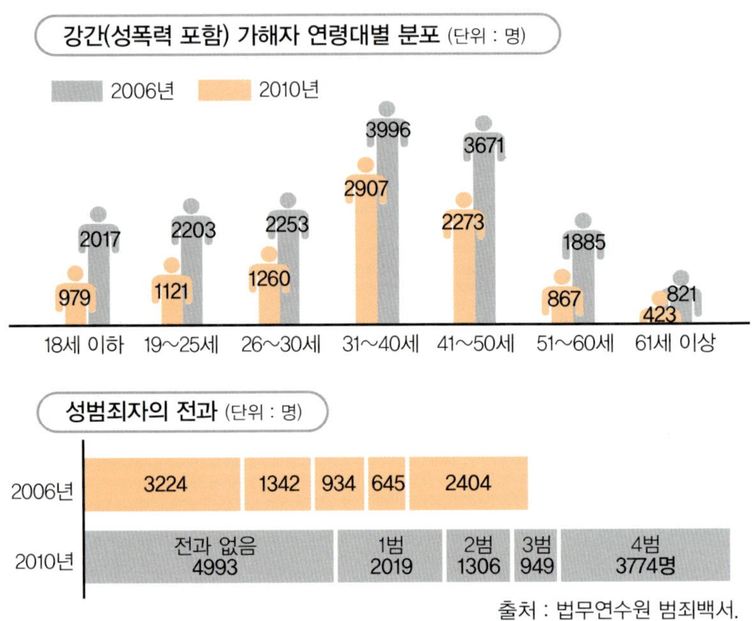

〈강간(성폭력 포함) 가해자 연령대별 분포 및 전과〉

1. 아동성폭력에 대한 부모인식 점검사항

따라서 아동을 양육하는 부모가 자녀에게 어떻게 성폭력을 예방하고 대처할 것인지 알려주는 것은 상당히 중요하다. 우선 아동성폭력에 대한 부모의 인식부터 점검할 필요가 있다(여성부, 2009).

① 아동성폭력 피해가 발생했을 경우 아동에게 피해내용에 대해서 자꾸 물어보는 것은 마음의 상처가 되기 때문에 묻지 않는 것이 바람직하다?

▶ 정답 : "아니다!"

성폭력은 피해자의 잘못이 아니다. 피해내용을 말하지 못하고 숨긴다면 오히려 피해자 자신의 잘못으로 인식하고 죄책감을 가질 수 있다. 따라서 자신의 피해를 당당하게 이야기하여 심리적으로 극복할 수 있는 힘을 주어야 한다.

다만, 추궁하듯 캐묻거나 말을 막거나 단정적으로 미리 판단해 말한 뒤 "그렇지?"라고 강요해서는 안 된다. 이럴 경우 아동의 진술이 혼란되어 수사 및 재판 과정에서 증거능력을 인정받기 어려우므로 구체적 진술은 경찰이나 상담 전문가의 입회하에 하는 것이 바람직하다.

② 성폭력을 당하는 아이는 따로 있다?

▶ 정답 : "아니다!"

성폭력을 당하는 사람은 따로 정해져 있지 않다. 성폭력은 언제, 어디서, 누구에 의해서 발생할지 모르는 범죄이며 누구나 성폭력의 피해자가 될 수 있다. 하지만 정확하게 알고, 미리 준비하고 적절하게 대비하면 예방할 수 있다.

③ 성폭력을 당했다는 아동의 말은 거짓말인 경우가 많다?

▶ 정답 : "아니다!"

아동들은 자신이 입은 피해를 거짓으로 꾸며내거나 관심을 끌기 위해서 말하는 경우는 극히 드물다. 결코 흥분하거나 아이 말을 막지 말고 차분히 들어보고, 상황을 판단해야 한다. 사실 여부를 확인하기 어려울 때는 여성긴급전화 1366, 성폭력상담소, ONE-STOP 지원센터 혹은 해바라기아동센터 등에 연락해 상담하고 도움을 청한다.

④ 아동에게 성폭력을 하는 가해자는 정신병자다?

▶ 정답 : "아니다!"

대부분의 가해자는 이웃의 아는 사람이나 피해자와 친분이 있는 사람들이다. 정신병자는 오히려 아이를 유인해서 몰래 성폭력을 저지를 능력이 없는 경우가 많다.

⑤ 아동성폭력 피해는 크면 잊기 때문에 문제를 키우지 말고 조용히 넘어가는 게 아이를 위해 좋다?

▶ 정답 : "아니다!"

어릴 때의 피해일수록 정확한 진단과 전문적인 치료 및 장기적인 관찰과 도움이 절대적으로 필요하다. 피해자에게는 전혀 잘못이 없고 가해자가 잘못이며 벌을 받아야 한다는 것을 알아야 피해극복에 도움이 된다. 적절한 치료와 보살핌을 받는다면 성폭력 피해의 후유증은 치료될 수 있다.

2. 아동성폭력 예방광고의 효과

|그림 5-1|

|그림 5-2|

위의 |그림 5-1|, |그림 5-2|는 브라질 벨로 오리존치시의 아동성폭력 공익캠페인 사진이다.

|그림 5-1|에서 첫 번째 아이가 울고 있다. 그 아이가 안고 있는 나무집 안에는 아동성폭력을 의도하는 남자의 무릎 위에 어떤 아이가 앉아있는 모습을 볼 수 있다. |그림 5-2|에서 두 번째 아이가 울고 있다. 그 아이가 안고 있는 나무집에는 남자 앞에서 이제 방금 샤워를 하고 나온 아이를 볼 수 있다. 광고 옆에는 'speak for her, call 100 to report child sexual abuse'라는 카피가 있다.

즉, 아이가 자신이 겪는 상황을 아무에게도 말하지 못하고 눈물만 흘리고 있는 현실을 보여주고 있다. 제대로 의사표현을 할 수 없는 또는 하지 못하는 아이를 대신해서 성폭력 신고센터에 적극적으로 신고를 해달라는 광고인 것이다(ANPAK News, 2012.10.24). 최근 우리나라도 이와 같이 아동성폭력 예방[5]을 위한 매체홍보를 활발하게 진행 중이다. 이러한 매체홍보는 아동 자신뿐만 아니라 아동을 보호하려는 성인들의 인식을 확장시키는 중요한 사업이라고 할 수 있다.

3. 아동성폭력 지역네트워크 운영체계

우리나라는 다음 그림과 같이 아동성폭력 지역네트워크 운영체계를 중심으로 운영되고 있다. 여성긴급전화 1366, 의료기관, 법률구조공단, 상담소 등이 상호 연계되어 있다.

5) 1. 국내 EBS 아동성폭력 예방캠페인 '직접 도와주지 않아도 괜찮아!' 내용은 다음과 같다. 처음 보는 남성이 지나가는 아이에게 자신의 자동차에 짐 옮기는 일을 부탁한다. 이때 아이는 '아니요!'라고 대답한다. 아이는 노움을 청하는 성인의 부탁을 거절해도 괜찮다. 어른은 아이의 도움 없이도 자신의 일을 해결할 수 있다고 가르친다. 또한 귀여운 강아지를 돌봐달라거나, 길을 찾는 데 같이 가달라고 하거나, 글을 모르는데 읽어달라고 부탁하거나, 놀이터에서 놀고 있는데 과지를 주거나 예쁘다고 접근하면서 '아빠(또는 엄마)친구인데 아빠가 저기서 너를 기다린다. 나랑 같이 가자'고 할 때 '아니요!'라고 대답해야 함을 배우는 내용이 담겨있다(EBS 아동성폭력 예방캠페인 2부, 2012.10.12).

2. 어린이안전교육관에서는 6~7세 유아와 초등학교 저학년을 대상으로 연간 3만 5천 명에게 신변안전교육을 실행하고 있다(www.isafeschool.com).

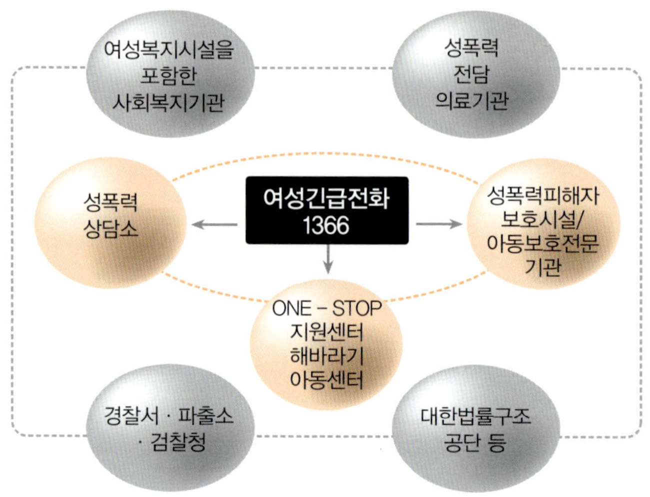

〈아동성폭력 지역네트워크 운영체계〉

성폭력범죄는 본인은 물론 직계존속 또는 대리인도 고소할 수 있다. 성폭력 가해자가 피해자의 4촌 이내의 혈족이거나 2촌 이내의 인척(예 의붓아버지)일 때, 13세 미만의 어린이에 대한 성폭력은 고소가 없거나 고소 후 가해자와 합의하더라도 처벌이 가능하다. 19세 미만의 미성년자를 보호하거나 교육 또는 치료하는 시설의 책임자 및 관련 종사자는 자기의 보호 · 지원을 받는 자가 성폭력범죄의 피해자인 사실을 안 때에는 즉시 수사기관에 신고해야 한다. 365일 24시간 운영되는 여성긴급전화 1366(국번없이 1366)에서 상담 및 신고접수가 가능하다. 또는 경찰(112), 통합지원센터 대표전화(1899-3075)로 연락가능하다(여성가족부 홈페이지, 2014).

4. 여성성폭력 현황과 정신건강

우리나라의 성폭력(성폭행 · 성추행) 신고는 2007년 1만 3,501건에서 2011년 2만 1,012건으로 4년 사이에 두 배 가까이 늘었다. 법무연수원이 발간한 범죄백서에 따르면, 성폭행(강간)과 성추행범은 2001년 1만 446명에서 2010년 1만 9,939

명으로 10년 새 100% 가까이 늘었다. 통계를 바탕으로 볼 때, OECD 국가들 중 우리나라는 성범죄가 폭발적으로 증가하는 나라인 것이다. 2010년 기준 여성성범죄 피해자 연령의 경우, 20~30세 사이가 6,381명으로 가장 높았으며, 그 다음이 15~20세에 해당되었다. 60세 이상의 여성에게도 성폭력이 발생되었다는 점에서 우리나라의 성폭력 현상의 심각성을 인식할 수 있다(경찰청, 2011).

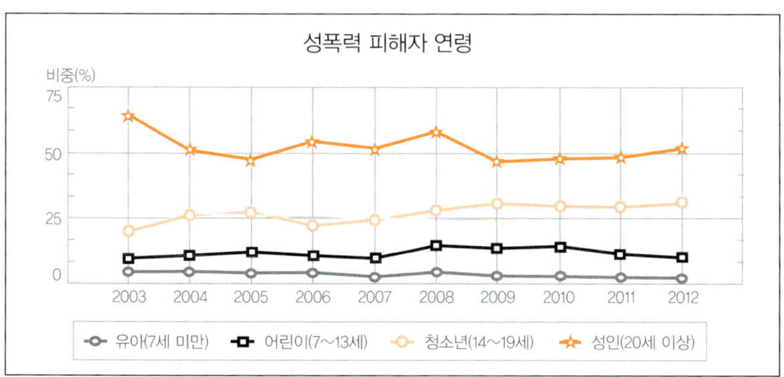

출처 : 여성가족부 「여성폭력관련시설 운영실적」, 성폭력피해자 연령지표, e나라지표 홈페이지(2014).

* 상담소 개수 : 2002년(104개), 2003년(115개), 2004년(124개) 2005년(172개), 2006년(202개), 2007년(202개), 2008년(196개), 2009년(199개), 2010년(152개), 2011년(163개), 2012년(172개)

우리나라의 경우 매년 늘어나는 성폭력 피해자를 지원하기 위하여 1994년 성폭력특별법이 제정된 이후 2013년 1월 기준으로 전국 173개소의 성폭력상담소와 2013년 6월 기준 22개 성폭력 피해자 보호시설에서 성폭력 피해자 상남 · 지원 활동이 이뤄지고 있다. 또한 가정폭력 · 성폭력 등 폭력피해로 인해 긴급하게 보호 · 지원이 필요한 위기여성을 위해 여성긴급전화 1366센터 내 긴급피난처를 2013년 17개소에서 2014년 18개소로 확대 · 설치된다(여성가족부 홈페이지, 2014).

5. 성폭력 후유증 및 증상에 대한 이해

성폭력은 신체손상이나 생식기 관련 질환, 성병, 임신 등의 신체적 피해뿐만 아니라 광범위한 심리적 후유증을 남기게 된다(권해수 · 이재창, 2003; Kendall-Tackett Williams & Finkelhor, 1993, 여성가족부, 2011 재인용). 성폭력 피해와 관련하여 일관되게 나타나는 특정 신드롬이 있는 것은 아니지만 빈번하게 나타나는 증상으로는, 심한 불안감, 우울감, 무력감, 수치심, 혼란, 분노, 배신감, 적개심, 복수심 등과 같은 심리 · 정서적인 문제와, 자살시도, 외상 후 스트레스 장애(PTSD), 부적절한 성적 행동, 행동위축, 공격성, 자기-파괴적인 행동, 신체화 증상, 가출, 약물남용 등의 행동문제를 자주 보인다. 특히 강간 외상증후군(rape trauma syndrome) 증상은 강간이 진행되는 동안 느꼈던 심각할 정도의 신체적 · 심리적 외상(trauma)으로 강간을 떠오르게 하는 공포와 같은 감정적 혼란을 경험하게 된다. 피해여성들은 며칠에서 장기적으로는 수년 동안 공포, 불안, 우울, 모욕감, 복수심, 성관계의 어려움, 태도나 생활습관의 변화 등을 겪을 수 있다고 한다. 또한 자존감이 낮아지고, 자기-개념이 부정적으로 변하며, 친밀한 관계에서 어려움을 경험하고, 삶에 대한 통제감을 상실하며, 세상은 안전하지 않다는 불안전감을 경험하는 등 자신과 세상에 대한 핵심신념에 부정적인 영향을 미친다. 물론 성폭력 피해자들이 보이는 증상은 피해자의 발달단계, 성폭력 유형, 가해자와의 관계, 지속기간, 피해연령, 성폭력 사건 이전의 발달적 외상 유무 등의 위험요인, 지지체계 및 대처기제와 같은 보호요인들에 따라 그 양상이 매우 다르게 나타난다(여성가족부, 2011).

성폭력 피해자들의 치유에 관한 연구를 보면, 초기에는 피해자들이 개인상담을 통하여 많은 도움을 받는다. 개인상담은 상담자와 피해자 간의 안전하고, 신뢰있는 관계를 토대로, 성폭력 피해경험을 개방하고, 표현하고, 탐색하고, 감정과 경험을 확인하며, 감정조절방법, 기타 대처기술 등을 훈습할 기회를 주기 때문에 상담 초기에 피해자들에게 많은 도움을 줄 수 있다. 그러나 개인상담의 형태만으로는 피해자의 치유를 돕는 데 부족하다. 개인상담만으로는 비밀, 수치심, 낙인이라는 주제를 완전히 해결할 수 없기 때문이다. 특히 비밀유지 및 의존성과 같은 주제들은 개인상담에서 오히려 강화될 수 있으며, 자신들의 성 피해경험은 다른 사람들과 공유할 수 없는 독특한 경험이라고 생각하기 때문에

다음 단계의 성장에 방해가 될 수 있다(Herman and Schatzow, 1984, 여성가족부, 2011 재인용). 반면 집단상담은 피해자들에게 그들과 비슷한 경험을 가진 사람들이 있다는 사실을 알려준다. 또한 집단상담에서는 피해자들에게 성폭력과 관련된 정보를 제공하고, 희망을 불어넣으며, 주변사람들(가족, 가해자 등)에 대한 올바른 재해석을 제공하며, 모델링, 모방, 대인관계 학습, 집단응집력, 카타르시스(정화)를 통한 사회적 기술을 발달시킬 수 있다. 이처럼 피해자들은 집단상담을 통하여 같은 상처를 안고 있는 사람들과 서로 나누면서, 성폭력 사건에 대한 다차원적인 영향을 현실적으로 수용함으로써 개인상담의 부족한 면을 채울 수 있으며, 성폭력이 한 개인에게만 국한된 경험이 아니었음을 확인할 수 있다. 그리고 비슷한 고통과 갈등을 경험한 사람들과 함께 작업함으로써 소외감을 줄이고, 안전한 환경에서 서로 간에 지지와 위로를 제공할 수 있기 때문에 피해자들은 자신들의 감정을 확인하고, 신뢰감을 배우고, 건강한 관계를 수립할 수 있다. 또한 피해자들은 '성폭력 피해자'라는 현실을 수용하며, 자신이나 주변사람들에 의해서 부인되고 왜곡된 정서적 경험을 확인하고, 나아가 피해자로서의 자존감을 세울 수 있다. 특히 집단 프로그램은 피해자들의 일상적인 삶을 불편하게 하는 죄책감, 수치심, 낙인, 소외의 문제들을 해결하는 데 도움을 줄 목적으로 실행된다. 피해자들은 집단 프로그램을 통하여 혼란, 무력감, 분노, 압도당하는 느낌, 통제권 상실에 대한 근본 원인을 알아차리고, 현재의 삶에서 더 기능적이고, 덜 파괴적인 행동을 연습할 수 있을 것이다. 그리고 기능적이고, 효율적인 대처기제를 배우고, 새로운 행동을 연습하고, 가족역동을 은닉하며, 현재 대인관계를 탐색할 수 있는 기회를 제공받을 수 있다. 또한 피해자들에게 자율권, 책임감, 다양성, 통제력을 촉진시켜 주고, 자신을 보호하고, 책임있는 행동을 실행할 연습의 기회를 제공받게 될 수 있다.

6. 성폭력 가해자에 대한 정신적 이해

성폭력 가해자들은 대개 범행 전부터 강간통념을 비롯하여 성장과정에서 잘

못된 성 역사를 학습한 경우가 많으며, 이에 따라 성에 관한 지식체계가 왜곡되어 있는 경우가 많다. 또한 폭력에 대한 허용도가 높고 남성중심적 우월적 사고방식은 이를 더욱 강화시키는 경향이 있고, 성과 폭력이 연합된 자극에 반복적으로 노출되는 경우 왜곡에 대한 경향성이 더욱 높아진다. 일반적으로 성폭력 가해자들의 여성이나 아동에 대한 신념은 남성의 강제적인 성행동을 묵인해 주는 사회 · 문화적 가치에서 생겨난 강한 신념의 결과(Herman, 1988)이다. 또한 남성중심적 신념체계는 전통적 성규범에 기반하며, 성적 특권의식이 강하고, 자신들의 성적인 욕구를 만족시키는 데 집중되어 있으며, 그 욕구는 채워져야만 한다는 신념을 가지고 있다(사단법인 한국여성상담센터, 2010).

성폭력 가해자들의 인지왜곡(cognitive distortion)은 성범죄 행위를 지지하는 태도와 신념을 발전시키며 유지하게 한다. 예를 들면, 여자의 '싫어요'는 '좋아요'를 의미하고, 여자는 강간당하길 원하고 강간당하는 것을 즐기며, 강간은 해로운 것이 아니며, 피해자들은 강간을 바랬거나 강간당할 만함 등이다(Burt, 1980; Burt & Albin, 1981). 성폭력 가해자들은 심리정서적으로 공감력이 결핍되어 있다. 가해자 자신의 고통을 줄이는 것에만 열중하므로 피해자의 고통을 공감하지 못한다. 또한 가해자들은 정서조절의 어려움, 정서적 취약성, 자기애적 성향 때문에 피해자에게 공감하지 못한다. 일부 가해자들은 다른 피해자들의 상처에는 공감을 하지만, 정작 자신의 피해자에게는 냉담하고 피해의식적 반응을 보인다. 이것은 실제로 피해자의 고통에 직면할 용기가 없으므로 방어하게 되는 것인데, 이것은 그들의 자존감과 관련이 깊다. 자존감이 낮을수록 인지왜곡이 심하며, 상대방에 대한 공감수준이 낮아지기 때문이다. 집단과정에서는 집단구성원들이 피해자의 상처를 자신의 아픔과 대비시켜 느껴보고, 영상매체를 통해 피해자의 고통스러운 삶을 이해하고, 집단과의 작업을 통해 피해자의 고통의 이해를 강화하도록 한다.

가해자들은 사건발생 이후 사건이 외부에 알려지면서, 피해자를 탓하고 자신의 입장을 합리화하면서, 피해자의 입장에서 피해자의 고통을 살펴보는 관점이 매우 희박하다. 또한 피해자에 대한 분노, 원망, 죄책감, 불안감, 수치심 등의

정서적 혼란을 겪기 때문에 자신에 대한 통찰이 부족하다. 그러나 프로그램 과정에서 피해자 상처공감훈련이나 피해자의 입장에서 생각해 보는 시간을 가지게 되면서 실제 자신의 피해자도 이번 사건으로 상당한 고통과 시련을 겪고 있는 점을 인식하고 피해자에게 사과하고 싶다는 바람을 표현한다.

이와 더불어 자신이 앞으로 성범죄자로 낙인찍혀서 살아가야 한다는 점에 대한 걱정이나 불행감이 상당히 많으며, 가족들과의 신뢰관계도 깨져버렸다는 자책감, 한탄스러움, 외로움, 소외감 등의 감정들을 표현한다.

그렇다면 가해자와의 초기 상담과정에서 나타나는 가해자의 특성을 살펴보도록 하자. 대부분의 성폭력 가해자들은 자신의 성폭력 행위가 나쁘다는 것을 알고 있다. 단지 자신의 행위가 정확하게 성폭력 행위로 규정된다는 것을 회피하거나 인정하지 않을 뿐이다. 따라서 성폭력 가해자들의 성폭력 행위에 대해 방어하거나 합리화하는 과정은 자신의 성폭력 행위를 저지르기 전에 갖는 사고과정이며, 범행 이후 자신의 범죄행위를 축소하거나 정당화하기 위한 구실로 활용한다. 성폭력 가해자의 몇 가지 유형을 제시하면 다음과 같다.

● 행위에 대한 인정보다 사건처리과정에서의 억울함, 분노표출 유형

자신을 가해자로 규정하는 피해자와 수사기관에 대한 의심, 억울함, 분함 등을 강하게 제기한다. 피해자와의 합의를 통하여 자신의 행위를 면죄받을 수 있다는 생각들이 강하기 때문에 사건 후의 일련의 과정에서 자신에게 돌아가는 불이익들을 참을 수 없어 한다.

● 행위에 대해 인정하지만, 자신이 성폭력범임을 인정하지 못하는 유형

가해자들은 자신의 행위가 성폭력인 줄 몰랐다는 점을 강력히 주장한다. 자신의 성행위는 흉악한 성폭력범들이 벌이는 협박과 흉기위협을 동반하는 상덕한 범죄행위가 아니라는 것을 주장한다. 나의 의도는 그렇게 나쁜 것이 아니다/ 그녀를 위로하려고 좋은 마음에서 시작한 것인데, 너무 가혹하다/ 나는 그렇게 나쁜 인간이 아니다/ 나도 그렇고 여기에 모인 대부분의 사람은 선량한 사람이다/ 성폭력이라니, 말도 안 된다/ 약간 거친 성관계였다….

● **행위에 대한 인정보다 자신도 피해자임을 주장하는 유형**

나도 피해자이다/ 그 여자가 유혹해놓고, 나를 가해자로 모는 것은 무슨 의도가 있는 것이다. 자기도 좋아했으면서 나만 가해자로 모는 것은 너무 억울하다/ 사실은 내가 피해자이다. 그 여자가 한번 만져보라고 해서 아무 생각 없이 만진 건데… 나를 강간범으로 몰았다/ 사실을 말하자면, 오히려 내가 피해자야. 그런데 이러쿵저러쿵 말하면 딸애가 더 상처를 받으니까, 내가 그냥 덮어쓰기로 한 거다/ 내가 더 힘들다. 나도 이 사회의 피해자인데 잊고 싶은데 왜 자꾸 괴롭게 들추어 내냐….

● **피해자에게 책임을 전가하는 유형**

여관에 따라오는 여자가 문제지, 열 여자 마다할 남자가 어디 있나/ 싫다면 죽도록 저항을 해야지/ 남자가 술 취하면, 성충동을 자제할 수 없는 것이 당연한 거지, 여자가 조심해야지 어디 남자가 참길 바라냐/ 여자가 유혹했다. 여자가 유혹하는데 안 넘어갈 남자가 어디 있나?….

위와 같은 주장들은 가해자가 자신의 성행위가 성폭력 행위라는 것을 몰라서가 아니다. 단지 자신의 범죄행위를 성폭력이라고 개념을 규정할 줄을 몰랐을 뿐이다. 대부분의 가해자들은 성폭력과정에서 피해자들의 반응에 신경 쓰지 않으며, 단지 자신의 의도대로 선택적으로 받아들인다. 피해자들의 의사와 반응에 대한 반응은 일방적으로 자신의 욕구를 관철시키는 것에 몰두되어 있기 때문에 자신의 행위를 정당화하기 위한 정보만을 선택적으로 받아들인다. 성폭력과정의 모든 통제권은 가해자 자신에게 있다고 생각하기 때문에, 피해자들의 행동들을 성애화하기, 피해자의 저항을 축소 또는 최소화하기, 피해자의 침묵을 암묵적 동의로 해석하기 과정을 통하여 자신의 성행동을 수행한다(사단법인 한국여성상담센터, 2010).

7. 성범죄자의 처벌규정에 대한 논란

미국의 경우 캘리포니아 주 등에서는 1994년부터 삼진아웃제에 따라 중범전과가 있는 사람이 세 번째 범죄를 저지르면 25년형에서 종신형에 이르는 중형을 선고한다. 또한 12세 이하 어린이를 성폭행한 경우나 피해자를 납치, 유괴, 협박하고 상처를 입히고 감금한 경우에는 초범이라 할지라도 25년형에서 종신형까지 선고하는 것이 원칙이다(한국일보, 2012.9.4). 세계적으로도 성범죄는 다른 범죄에 비교해서 재범률이 높은 범죄다. 재범률이 높은 만큼 성범죄자 관리도 철저하고 처벌 또한 인정사정없는 것이 세계적 추세다. 초범이라도 죄질이 나쁘면 곧바로 종신형을 선고하기도 하고, 성범죄자의 성명, 나이, 인종, 성별, 생일, 키, 몸무게, 눈동자색 등의 신상정보를 온라인을 통해 알 수 있는 미국, 아동성폭행범의 경우 정신과 의사로부터 재범의 우려가 없다는 진단을 받을 때까지 정신병원에서 강제 입원치료를 받도록 하는 프랑스, 아동성폭행범에게 예외 없이 종신형을 선고하고 가석방도 불가능한 스위스의 사례를 비춰볼 때 우리나라의 관리체계와 처벌은 느슨하고 허술하다는 시각이 우세하다. 미국의 경우 성범죄자의 형기가 끝났더라도 심리학자와 교도관의 평가 결과 재범가능성이 있다고 판단되면 석방을 하지 않는다. 때문에 종신형을 선고받지 않은 경우라도 교화가 됐다는 확증이 없다면 장기형을 살 수 있다(일요서울, 2012.9.5). 물론 미국, 일본, 유럽 등 어느 나라도 성범죄 예방에 성공한 나라는 없지만, 인지·행동치료 프로그램이 그나마 효과를 보고 있다고 한다. 미국의 경우 교도소에서 교정을 받다가 출소한 뒤에도 2~3년간 매주 교육을 받도록 하고 있다 하지만 우리나라 교정기관에서는 40시간, 보호관찰소에서 50시간이 고작인 형편이다. 또한 경찰에서는 수감시설에서의 1차적인 역할이 무엇보다 중요한데, 현재 출소 이후에나 이뤄지는 전자발찌나 화학적 약물치료 등을 교도소 내에서 실행해야 할 것이다. 그러기 위해서는 선진국 같은 성범죄자 전담교도소 등을 마련해야 하고 내부인력들도 전문화될 필요가 있다. 우리나라의 경우 18대 국회에서 「성폭력범죄자의 성충동 약물치료에 관한 법률(2011. 7. 24. 발효됨)」이

통과됐지만 약물치료는 부작용, 치료단절에 따른 강한 충동력 발생 및 인권 등의 문제가 있다는 점에서 확정되지 못하고 있다(newsis, 2012.9.2).

이 성충동 약물치료법의 핵심은 정신과전문의나 의학전문가가 치료효과가 있을 것으로 판단한 성폭력범죄자의 남성호르몬 수준을 법원의 명령으로 약물을 주입해 낮춤으로써 성폭력범죄의 충동을 억제하고자 하는 것이다. 미국을 비롯한 여러 나라들에서는 남성 성폭력범죄자들의 성충동을 낮추기 위해 MPA(MedroxyProgesterone Acetate), 같은 여성호르몬과 유사약물(its equivalent drugs such as Lupron and Zoladex)들을 주사하여 남성호르몬인 테스토스테론의 수준을 낮추는 치료를 일반적으로 시행하고 있고, 그래서 이 치료를 화학적 거세라고 부르기도 한다. 미국에서는 다소의 차이가 있지만 캘리포니아, 플로리다를 비롯한 9개의 주가 관련법들을 도입했는데, 텍사스 주는 약물치료가 아닌 물리적 거세를 유일하게 실행하고 있다. 한국의 성충동 약물치료법이 통과된 이후, 이 법이 자신의 신체를 침해당하지 않을 헌법상의 기본권을 침해한다는 주장을 비롯해 많은 반대들이 제기되어 왔다. 이는 미국을 비롯한 다른 나라들에서도 마찬가지였는데, 그럼에도 불구하고 미성년자 아동에 대한 성폭력범죄의 잔혹성과 이의 지속적인 증가에 대한 국민들의 분노에 대해 타당한 대안이 찾기 어려운 상황에서 불가피한 조치라는 의견도 적지 않은 것이 사실이다.

최근 스마트폰 보급이 증가하고 있고, 우리나라의 경우 동네마다 성인 PC방이 산재해있다. 국내 입법처의 조사에 의하면, 인터넷에 클릭만 하면 1초에 260개의 음란사이트가 새로 등장하는 것으로 나타났다고 한다. 우리 정부는 「아동·청소년의 성보호에 관한 법률」로 아동·청소년이 나오는 음란물을 제작하거나 수출입한 자에게 5년 이상의 징역, 단순 소지자에겐 200만 원 이하의 벌금형에 처하게 하고 있다. 하지만 현황파악이나 검열실적은 미미한 상태이다. 미국은 아동음란물(18세 이하 아동·청소년 출연) 한 건만 소지해도 징역 5년에 처한다. 또한 아동음란물 소지는 일반 성범죄 전과자와 마찬가지로 해당 지역 경찰에 자신의 거주지를 신고하도록 강제된다(경향신문, 2012.9.4).

참고문헌

가정폭력상담소 희망의 전화 홈페이지(2012). http:// www.woman21.org

경찰청(2011). 성범죄 통계자료.

경향신문(2012.9.3). 한국이 아동음란물 세계 6위 생산국.

_______(2012.9.4). 나주 성폭행 실태와 문제점.

권해수 · 이재창(2003). 성학대 피해 청소년의 귀인양식 및 대처전략과 심리적 부적응 간의 관계. 청소년상담연구, 11(1), 22-31.

법제처 국가법령정보센터 홈페이지(2012). http://www.law.go.kr

보건복지콜센터 홈페이지(2012). http://www.129.go.kr/

사단법인 한국여성상담센터(2010). 성폭력 가해자 교정 · 치료 프로그램 효과성 분석.

아동성폭력예방 어린이재단 홈페이지(2012). http://www.childfund.or.kr

안전Dream 아동 · 여성 · 장애인 경찰지원센터 홈페이지. http://www.safe182.go.kr

여성가족부(2011). 성폭력 피해자 치유 · 회복 프로그램 효과성 분석 및 매뉴얼 개발.

여성가족부 홈페이지(2014). http://www.mogef.go.kr. 인권보호자료 중에서.

여성긴급전화 1366 홈페이지. http://www.mogef.go.kr

여성부(2009). 아동성폭력 대응매뉴얼 학부모용.

위키백과사전 홈페이지(2012). http://ko.wikipedia.org/wiki/

인천광역시노인보호전문기관 홈페이지(2012). http://www.in1389.go.kr

일요서울(2012.9.5). 재범 위험성 높은 경우 강제구금이 화학적 거세보다 더 안전. 성범죄 이대로는 안 된다… 적극적 · 공격적 제도 도입 목소리 높아.

전국가정폭력피해자보호시설협의회 홈페이지(2012). http://www.stopviolence.kr

조선일보(2012.7.28). 성범죄공화국 한국.

조성자(2012). 「성폭력범죄자의 성충동 약물에 관한 법률」의 쟁점에 대한 검토 : 미국 성충동약물치료 주법 규정과의 비교를 중심으로. 강원대학교 강원법학, 제36권. 377-408. 강원대학교 비교법학연구소.

중앙노인보호전문기관 홈페이지(2012). http://noinboho.or.kr

중앙아동보호전문기관 홈페이지(2012). http://korea1391.org

한국가정법률상담소 홈페이지(2012). http://www.lawhome.or.kr

한국여성의전화 홈페이지(2012). http://www.hotline.or.kr

한국일보(2012.9.4). "美, 아동 성범죄엔 초범이라도 중형선고", "재범 위험성 높으면 꾸준히 감시 · 격리해야."

ANPAK News(2012.10.24). '아동성폭력', 국가가 나서야 한다! 나영이 사건 등 솜방망이 처벌, 실효적 법제 마련 국가적 고찰 촉구.

Kendall-Tackett, K. A., Williams, L. M., & Finkelhor, D.(1993). Impact of sexual abuse on children : A Review and synthesis of recent empirical studies. *Psychological Bulletin*, *113*, 164-180.

Newsis(2012.9.2). 성폭행 - 묻지마 범죄 알고보면 '절망범죄'… 시간 걸려도 안전망 구축부터.

06

CHAPTER

알마냐(Almanya) : 이주노동자 가족의 삶을 그리다

1. 이주노동자 관련 국제협약 내용

2. 고용허가제의 특징

3. 외국인근로자의 고용 등에 관한 법률

4. 고용허가제 이주노동자 인권실태

5. 우리나라 이주아동권리보장법 법안

CHAPTER

06 알마냐(Almanya)[1] : 이주노동자 가족의 삶을 그리다

본 영화의 감독인 야세민 삼데렐리 역시 1973년 독일의 도르트문트에서 터키 이주자의 집안에서 출생하였다. 1961년 터키와 독일 간 노동협약이 체결되고 대부분의 이주노동자들이 독일에 머물게 되면서 독일 내 터키 이주자 공동체가 자연스럽게 형성되었는데, 그의 작품에서 일마즈 일가 역시 1960년대 독일 이주노동자로 들어와 정착한 터키인 가족이다. 아직 터키문화를 그대로 유지하고 있는 1세대 후세인과 아내 파트마, 2세대인 이 부부 사이에서 출생한 네 명의 자녀들, 터키인 아버지와 독일인 어머니 사이에서 출생한 3세대 손자 첸크는 한 가족으로 독일에 완전한 뿌리를 내리고 정착생활을 하고 있다. 하지만 초등학생인 첸크가 학교에서 겪게 되는 일로 정체성의 혼란을 느끼게 된다. 이십대 대학

1) 알마냐는 터키어로 독일이라는 뜻임. 부제로 '나의 가족 나의 도시'로 명명되어 있음. 2011년 야세민 삼데렐리 감독의 영화

생인 카난은 어린 사촌의 심리적 성장을 위해 할아버지가 어떻게 독일까지 와서 정착하게 되셨는지를 설명하기 시작한다. 어느 날 모든 가족이 모인 가운데 후세인은 터키의 고향 마을에 집을 샀다는 소식을 발표하여 가족들을 깜짝 놀라게 한다. 그리고 그곳까지 함께 여행을 떠나자고 제안한다. 가족들은 모두 난색을 보였지만 후세인은 강경하게 가족여행을 추진한다. 결국 모든 가족들은 후세인에게 이끌려 버스 한 대에 몸을 싣고 후세인의 고향 터키마을로 향한다. 과정 중에 가족들은 서로 다투고 화해하며 잊지 못할 추억을 털어놓게 되고 각자 마음에 품고 있던 내적 갈등을 해소하는 계기를 갖게 된다(네이버 영화, 2013).

영화 '알마냐'는 독일에 거주하는 터키인 이주자의 일상생활을 통해 현재 한국사회의 이주노동자의 생활상을 이해하는 데 도움을 줄 것으로 보인다.

1. 이주노동자 관련 국제협약 내용

1) 이주노동자 권리협약

모든 이주노동자와 그 가족의 권리보호에 관한 국제협약은 다음과 같다.

정식명칭은 모든 「이주노동자와 그 가족의 권리보호에 관한 국제협약」(International Convention on the Protection of the Rights of All Migrant Workers and Members of Their Families), 이하 '이주노동자 권리협약'이며, 1990년 12월 18일 유엔총회에서 만장일치로 채택되고, 2003년 7월 발효되었다. 2011년 9월 현재 45개국이 비준하고 31개국이 서명하였으며 대한민국은 비준하지 않았다(국가인권위원회, 2010).

위에 언급한 이주노동자 권리협약의 특징은 다음과 같다.

첫째, 미등록 이주노동자와 그 가족에게도 일정한 권리를 보장함으로써 합법적인 체류자에 한해 협약상의 권리를 보장하는 다른 인권조약의 한계를 극복하였다. 둘째, 협약 당사국에게 이주노동자뿐 아니라 그 가족에게도 적절한 보호를 제공할 의무를 부여하고 있다. 셋째, 국제협약 중 최초로 이주노동자의 개념을 법적으로 정의하고, 이주노동자와 가족의 권리보장을 위한 국제적 기준을 확립하였다. 넷째, 미등록자 권리보장을 규정함과 동시에 불법적이거나 은밀한 이동과 비정규 또는 미등록상황의 예방을 협약의 내용으로 포함하고 있다. 한편 이주노동자 권리협약은 미등록 이주노동자와 그 가족의 권리와, 등록되거나 정규상황의 이주노동자와 그 가족의 권리를 구분하여 규정하고 있다.

❖ 이주노동자 권리협약

제3부(제8~35조)는 체류상태와 관계없이 모든 이주노동자와 그 가족이 향유해야 할 권리목록을 제시하고 있다. 구체적으로는 자유권과 관련하여 인신에 관한 자유(제9~11조), 정신적 활동에 관한 자유(제12 · 13조), 사생활의 보장(제14조), 경제생활관련 재산권(제15조) 등이 있다. 사회권적 권리로 취업국 국민과 동등한 노동조건을 향유할 권리(제25조), 노동조합 및 단체에 가입할 권리(제26조), 사회보장(제27조), 응급진료에 대한 권리(제28조). 그 밖에 문화권(제31조), 소득, 저축 등을 국외로 이전시킬 권리(제32조), 권리 및 입국조건, 해당국의 법률과 관행에 대한 정보를 통지받을 권리(제33조) 등을 모든 이주노동자와 그 가족에게 보장할 것을 규정하고 있다.

제4부(제36~56조)는 등록노동자와 그 가족에게는 제3부에서 보장하는 권리 이외에도 보다 넓은 범위의 권리를 추가적으로 보장하고 있다. 체류 · 유급활동조건에 대해 고지받을 권리, 유급활동 종사 허가기간과 최소한 동일한 기간의 체류허가를 발급받을 권리, 취업허가기간 만료 전 발생하는 유급활동 종료의 비정규적 상황간주 혹은 체류자격 상실금지 등이 이에 해당한다. 경제적 권리에 관하여는 개인소지품 및 가재에 대한 출입국관세와 세금면제, 송금할 권리, 유사한 상황의 그 나라의 국민보다 많은 세금을 부과하지 않을 것을 규정하고 있다. 그 밖에도 거주지 선택의 자유, 유급활동 선택권, 해고로부터의 보호, 실업수당을 향유할 권리, 남은 취업허가기간 동안 대체취업, 공공근로계약에의 참여 및 재훈련 등을 요청할 권리를 내국인과 동일하게 보장할 것을 취업국에 요구할 권리를 등록 노동자와 가족에게 부여하고 있다.

2008년 5월에 진행된 국가별 정례인권검토제도 한국정례심사에서는 효과적인 외국인노동자 권리보호를 위해 외국인 고용에 관한 법률의 이행노력을 강화할 것과 여성이주노동자의 권리 보호와 증진, 차별금지조치 채택이라는 국내

관련제도 개선권고와 이주노동자 권리협약, 초국가범죄협약 인신매매 의정서 비준 등 이주노동자 인권을 보호하기 위한 국제법을 비준할 것을 권고하였다. 고용허가제와 관련하여 특별보고관은 고용허가제가 기존의 산업연수제에 비하여 진일보한 제도이기는 하나, 산업연수제도와 마찬가지로 이주노동자의 체류지위를 최초의 고용주에게 예속시킴으로써 이주노동자의 지위를 매우 취약하게 만들고 있음을 지적하였다. 특히 매년 갱신되는 고용계약은 고용주의 의지에 달려있기 때문에, 계약연장이 이루어지지 않을 것을 우려하는 이주노동자가 사업장 내 문제가 있다고 할지라도 이에 대한 문제를 제기할 수 없음을 지적하고, 이를 개선하기 위해 특별보고관은 고용허가제법을 한국정부가 서명 또는 비준한 국제인권조약에 맞게 개정할 것을 권고하였다.

유엔이주민인권특별보고관은 한국방문보고서에서 고용허가제 이주노동자가 4대 보험 가입자격을 얻는 등 한국인과 동등한 법적 지위를 보장받고 있으나, 사업주가 이를 위반할 경우 책임을 물을 수 있는 사법적 구조가 없다는 점을 한계로 지적하였다. 이를 개선하기 위해 사업주가 의무를 위반할 경우 형사절차 등을 포함한 사법적 구조를 마련할 것을 권고하였다. 또한 한국정부가 이주노동자의 가족재결합 허용문제를 재고할 것과 이주노동자권리협약의 비준을 권고하였다(국가인권위원회, 2010).

2) 국제노동기구(ILO) 협약

국제노동기구는 이주노동자의 권리를 보호하기 위해 여러 협약을 채택하였는데, 이 중 이주노동자 권리와 직접적으로 관련있는 협약으로는「고용을 위한 이주에 관한 협약」(Migration for Employment Convention, ILO 협약 제97호, 1949)과「이주노동자에 관한 협약」(Migrant Workers Convention, 보충조항, ILO 협약 제143호, 1975)이 있다. 그러나 한국정부는 위 두 개 협약을 모두 비준하고 있지 않다.「고용을 위한 이주에 관한 협약」은 당사국이 이주노동자에게 출입국에 관한 정책과 법률, 노동조건, 생활에 관한 정보를 제공할 것과 이주노동자의 보수, 사회보장, 노동조합활동 등에 있어 차별 없이 내국인과 동일하게 대우할 것을 규정하고 있다. 「이주노동자에 관한 협약」은 인권침해 상황과 이주노동자의 균등기회 및 대우증진에 관한 내용을 주로 다루고 있다.

그 밖에 이주노동자와 관련된 내용을 다루고 있는 ILO 협약 중 「산업재해 보상에 있어 내외국인 균등처우에 관한 협약」(제19호, 1925), 「사회보장권리의 보전을 위한 국제체제 확립에 관한 협약」(제157호)은 이주노동자에게 차별 없이 사회보장을 보장할 것을 규정하고 있다. 그 밖에 주요 협약으로 「결사의 자유 및 단결권 보호에 관한 협약」(ILO 협약 제87호), 「단결권 및 단체교섭에 관한 협약」(ILO 협약 제98호), 「강제노동에 관한 협약」(ILO 협약 제29호), 「강제노동 폐지에 관한 협약」(ILO 협약 제105호), 「고용 및 직업상의 차별에 관한 협약」(ILO 협약 제111호), 「동일가치노동에 대한 남녀근로자의 동일보수에 관한 협약」(ILO 협약 제100호) 등이 있다(ILO homepage, 2011).

2011년 6월 현재 국내 체류 외국인은 총 139만 명이며, 이 중 외국인력은 총 72만 명이다.

(2011. 6. 고용노동부)

<table>
<tr><th colspan="11">총 외국인 1,392,167</th></tr>
<tr><td colspan="8">외국인력 716,000</td><td rowspan="3">유학생
(D-2)</td><td rowspan="3">결혼
이민자</td><td rowspan="3">기 타</td></tr>
<tr><td rowspan="2">전문
인력
(E-1~
E-7)</td><td colspan="2" rowspan="2">비전문인력
491,800</td><td rowspan="2">불법
체류자</td><td colspan="4">단기취업 등 15,407</td></tr>
<tr><td>단기
취업
(C-4)</td><td>산업
연수
(D-3)</td><td>기업
투자연수
(D-8)</td><td>선원
취업
(E-10)</td></tr>
<tr><td>42,275</td><td>E-9
196,660</td><td>H-2
295,140</td><td>166,518</td><td>789</td><td>1,947</td><td>6,798</td><td>5,873</td><td>65,874</td><td>144,058</td><td>468,235</td></tr>
</table>

업종별로는 고용허가제 노동자는 주로 제조업(88%)에, 동포노동자는 제조업(58%), 서비스업(35%)에 취업하고 있으며, 이들 비전문분야 이주노동자를 고용하는 사업장은 대부분 영세사업장이며, 전체 사업장 중 71%(61,967개)가 10

인 이하 고용사업장이다. 2011년 6월 현재 고용허가제 미등록 이주노동자는 16,609명인데, 재고용만료자 수의 증가가 2010년 5,240명, 2011년 33,944명, 2012년 67,118명으로 예상되므로, 그에 따라 이주노동자들의 미등록화 규모 증가 역시 불가피해질 것으로 전망된다(고용노동부 통계자료, 2011).

2. 고용허가제의 특징

고용허가제는 내국인 일자리 보호를 위한 국내 노동시장의 보완원칙, 단기 순환을 통한 단순노무종사 이주노동자의 정주화 방지원칙, 이주노동자와 내국인 간에 동일하게 노동권을 보장한다는 것을 내용으로 하는 내 · 외국인 간 균등대우를 원칙으로 하고 있다. 송출과정 및 제도운영의 투명성 보장을 위해 고용허가제 전 과정을 고용노동부가 주관하여 운용하며, 송출국 정부와의 양해각서 체결을 통해 송출과정의 투명성 확보를 위한 장치를 마련하였다. 고용허가제를 통해 입국한 이주노동자는 원칙적으로 3년간 체류하며 노동할 수 있으며, 체류기간 만료 전에 고용주의 신청으로 재고용될 경우 2년 이내의 기간 동안 추가로 체류할 수 있다(고용노동부 홈페이지, 2011).

3. 외국인근로자의 고용 등에 관한 법률

2009년 9월 고용허가제를 다루는 법률인 「외국인근로자의 고용 등에 관한 법률」이 일부개정되었는데, 그 주요 내용은 다음과 같다. 근로계약기간을 기존 1년에서 3년으로 연장하고, 재고용요건에서 1개월 출국조건을 삭제하고, 출국 없이 계속 고용이 가능하게 하였다. 사업장 변경사유로 근로계약조건의 차이, 근로조건 위반 등 부당한 처우로 근로계약 유지가 어려운 경우를 추가하고, 근로를 계속할 수 없게 된 사유가 이주노동자의 귀책사유가 아닌 경우 사업장 변경횟수로 산정하지 않는다. 또한 근무처 변경기간을 2개월에서 3개월로 연장하였다. 「외국인근로자의 고용 등에 관한 법률」 제7차 개정법률 주요 내용을 보면 다음의 표와 같다.

구 분	개정 전	개정 후
근로계약기간 (제9조 제4 · 5항)	1년 단위 반복 계약	3년(추가 2년) 체류기간 범위 내에서 당사자 결정 (당사자 간 합의에 따라 자율결정)
재고용 요건 (제18조의2 제1항 제1호)	3년 + 1개월 출국 + 3년	3년 + 2년 미만 (출국 전 사용자의 요청)
사업장 변경사유 및 변경횟수(제25조 제1항 제4호)	사업주의 계약해지, 휴업 • 폐업 등의 경우에 원칙적으로 3회에 한하여 변경 가능하고, 예외적으로 1회 추가	근로계약조건의 차이, 근로조건 위반 등 부당한 처우로 근로계약 유지가 어려운 경우를 추가 제25조 제1항 제2호의 사유(휴업 · 폐업 그 밖에 외국인근로자의 책임이 아닌 사유로 그 사업장에서 근로를 계속할 수 없게 되었다고 인정되는 경우)의 경우에는 사업장 변경횟수에 포함되지 않도록 함
근무처 변경기간 (제25조 제3항)	2개월	근무처 변경기간을 3개월로 연장 업무상 재해, 질병, 임신 등의 경우 그 사유가 없어진 날로부터 기간개선

이번 개정에서 사업장 변경사유와 횟수에 일부 개정사항이 있음에도 불구하고, 이주노동자의 인권현실을 개선하기에는 여전히 부족해 보인다.

그 이유로 첫째, 사업장 변경사유와 관련하여 이주노동자의 귀책사유가 아닌 경우 변경횟수에 산정하지 않으나, 한국어와 한국 법, 정책에 서툰 이주노동자가 스스로 귀책사유 없음을 증명하는 것은 사실상 불가능하다. 또한 귀책사유의 진위 여부를 판단할 권한을 가진 기관이 특정되어 있지 않으며, 사업장 이동을 담당하는 고용지원센터는 알선 행정처리기관으로, 이러한 권한이나 인력, 체계를 갖고 있지 않다. 이처럼 실제로 이주노동자의 귀책사유의 입증은 이를 조사하거나 판단하기 어려워 현실개선에 영향을 미치기 어려운 것으로 보인다. 귀책사유 이외의 변경사유에 대해서도 변경사유에 해당하는지 여부를 조사하고 판단할 권한을 가진 기관이 없어, 고용지원센터의 자의적인 판단에 사업장 변경승인을 맡길 수밖에 없으며, 이 과정에서 중대한 오류가 발생하더라도 이를 구제할 법적 · 제도적 장치가 부재하다.

둘째, 3년의 근로계약이 노사 간의 자율적인 합의를 전제로 하고 있으나, 매우 제한적인 경우에만 이주노동자가 사업장을 이전할 수 있는 현재의 법체계 안에서 3년의 근로계약은 이주노동자에게 강제근로를 예정할 위험이 크다.

셋째, 구직기간이 2개월에서 3개월로 연장되어도 이주노동자의 귀책사유 없이 구직을 하지 못한 경우 체류자격을 상실하는 경우를 대비한 예방 및 구제조치는 마련되지 않았다. 이주노동자가 한국말과 지리에 서툴러 2개월 내에 적절한 직장을 구하지 못하는 경우, 이주노동자가 구인업체를 면접하는 등의 노력을 기울였음에도 채용되지 못한 경우, 사업주가 구직을 알선한 경우나 각종 신고, 등록이 정상적으로 처리되지 않는 경우 등과 같이 이주노동자의 귀책사유 없이 정해진 기간 내에 구직을 하지 못한 경우 이를 구제할 방안이 없다. 현재와 같이 이주노동자의 근로계약 해지권이나 갱신거절권을 인정하지 않는 제도 하에서 이주노동자는 불합리한 근로조건이나 인권침해를 감수하게 될 개연성이 높고, 이는 곧 강제근로로 이어질 가능성이 높다.

한편 헌법재판소는 2011년 9월 29일 고용허가제 이주노동자의 사업장 변경 횟수를 3회로 제한하고 대통령령에 따른 부득이한 사유가 있는 경우에만 1회를 추가로 인정하는 구 「외국인근로자의 고용 등에 관한 법률」 제25조 제4항 및 시행령 제30조 제2항에 대해 합헌을 선고하였다. 헌법재판소는 "사업장 변경횟수 제한조항이 명백히 불합리하게 청구인들의 직장선택의 자유를 침해하거나 포괄위임입법금지원칙, 법률유보원칙에 위반되지 않는다"고 결정하였다. 헌법재판소는 같은 날 고용허가제 이주노동자가 사업장 변경허가를 신청할 경우 신청일로부터 2개월 내에 허가받지 못할 경우 출국하도록 규정한 구 「외국인근로자의 고용 등에 관한 법률」 제25조 제3항에 대해서도 합헌을 선고하였다. 구직기간 2개월 제한조항은 "내국인근로자의 고용기회를 보장하고, 외국인근로자가 근로의사 없이 국내에 장기간 체류하는 것을 방지함으로써 효율적인 고용관리를 도모하기 위한 것으로서 지나치게 불합리하여 자의적이라고 할 수 없으므로" 헌법상 직장선택의 자유를 침해한 것은 아니라고 판단하였다.

헌법재판소의 판단에 앞서 국민고충처리위원회와 국가인권위원회는 고용허가제 이주노동자의 사업장 변경과 관련하여 정책개선 권고를 내렸다. 국민고충처리위원회는 2007년 '외국인근로자 구직활동기간 및 사업장 변경횟수 제한에 관한 제도개선 권고'를 내리고, 당시 2개월의 구직기간 제한조항을 이주노동자의 인권이 고려되는 방향으로 개선할 것과 사업장 변경사유에 "사업주의 근로계약 위반, 동료근로자 또는 사용자의 폭행 또는 협박, 임금체불 등 근로자의 귀책사유가 아닌 경우에는 사업장 변경횟수에 포함시키지 말 것"을 권고하였다. 위원회는 엄격한 사업장 변경조항은 이주노동자에 대한 인권침해 발생과 강제근로의 가능성을 높일 수 있기 때문에 ILO '외국인노동자조약 및 권고'와 2007년 유엔 인종차별철폐위원회의 '한국정부에 대한 최종권고'를 근거로 이를 제시하였다.

국가인권위원회도 2008년 '외국인근로자의 사업장 변경 허용기준 등 개선 권고'에서 "외국인근로자가 질병 · 임신 등의 사유로 근로를 지속할 수 없거나 사업주 등이 신고 · 등록을 하지 않거나 게을리하여 사업장 변경기간이 지나간 경우에는 이러한 사유가 존속하는 기간만큼을 사업장 변경기간으로 연장해 주도록 동법 제25조 제3항을 개정"할 것을 권고하였다.

최근 2011년 말 국회는「외국인근로자의 고용 등에 관한 법률」개정안을 통과시켰다. 주된 골자는 4년 10개월간의 고용허가제 기간이 끝나는 노동자들에게 4년 10개월을 다시 일할 수 있게 해준다는 내용이다. 그런데 조건이 있다. '사업장 변경을 하지 않았을 것'이라는 것이 그것이다. 휴업, 폐업 등의 사유로 사업장을 옮긴 이주노동자(이 경우는 사업장 이동횟수에 포함되지 않는다)는 마지막 사업장에서 1년 이상 계약을 유지하고 있어야 한다는 조건이다. 즉, 4년 10개월간 하나의 사업장에서만 혹은 이동횟수에 포함되지 않는 사업장 이동을 한 경우에만 기회를 준다는 것이다. 사업장과 재계약을 하고 본국에 3개월 갔다 와야 한다는 조건도 붙었다. 결국 하나의 사업장에서만 일한 이주노동자에게는 최장 9년 8개월간 일할 수 있는 기회가 열린 것이다. 이 개정안은 2012년 7월부터 시행되었다. 최근 노동부는 보도자료를 내고 확정된 구체적인 시행방안을 발표했는데, 이주노동자가 이 제도의 적용을 받으려면 '농축산업, 어업 또는

30인 이하 제조업'에서 근무하고 있어야 한다. 또 하나의 조건은 4년 10개월 이후 사업장과 재계약을 체결하고, 3개월 동안 출국해야 한다. 하지만 현실적으로 사업장에 문제가 많은 상황인데 이주노동자가 4년 10개월간 이직하지 않아야 노동기간을 연장시켜 준다는 조건은 현실가능성이 부족한 것으로 파악되고 있다(이주노동자운동후원회, 2012).

4. 고용허가제 이주노동자 인권실태

1) 입국 전 정보제공 강화

고용허가제 이주노동자를 대상으로 한 인권실태 조사결과에 따르면, 절반 이상의 이주노동자들이 입국 전에 체결한 근로계약과 입국 후의 근로조건이 상이하다고 응답하였다. 구체적으로는 근로시간, 월급, 기숙사와 식사제공, 작업내용 등이 상이하다고 응답하였다. 근로계약 위반을 경험한 응답자 수는 2008년 53%, 2009년 65.1%, 2011년 58.3%로 시간이 지나도 근로계약 위반에 대한 개선은 이루어지고 있지 않은 것으로 보인다. 이주노동자가 자유롭게 사업장을 변경할 수 없는 현행 제도하에서, 근로계약 위반사항이 있다고 하더라도 근로계약 위반에 따른 불이익을 이주노동자가 감내할 수밖에 없다.

근로계약 체결과정에서 구체적인 노동조건, 체류관련 정보, 사업장에 관한 정보 등도 구체적으로 전달되어야 한다. 그 밖에도 회사 내 통역지 유무, 국민연금 등 4대 보험료와 이주노동자 전용보험료 정상납부 확인자료, 회사제공 숙소의 경우 주거형태, 공동이용 여부, 공동이용할 경우 이용인원 등을 제공하여야 한다. 이러한 사전정보를 바탕으로 이주노동자 스스로 정확한 정보를 바탕으로 근로계약을 체결할 수 있어야 하며, 구체적인 이주노동을 준비할 수 있어야 한다(국가인권위원회 부산사무소, 2008; 외국인이주 · 노동운동협의회, 2009, 2011).

2) 송출과정

고용허가제 송출과정에서 한국어 시험이나 일부 업종에 대한 기능테스트 실시가 불필요한 송출비용 발생이나 브로커 비용 발생으로 이어지지 않도록 입국과정에 대한 관리 · 감독이 강화되어야 한다. 정부는 송출국 정부에 한국어 학원 실태에 대한 정기적인 모니터링 결과, 수강료 산정기준 등을 요구하고, 특히 한국어교육기관이 민간 송출업체로 변질되지 않도록 관리 · 감독을 강화해야 한다.

3) 여권 및 외국인등록증

여권이나 외국인등록증은 자신의 신원을 증명할 수 있는 공적 증명서로 타인이 이를 압수하거나 보관하는 것은 출입국관리법에서 금지하고 있다. 그러나 실태조사결과에 따르면, 여전히 다수의 이주노동자가 자신의 공적 신원증명서를 회사나 관리자가 보관하고 있다고 응답하였다. 2011년의 경우 응답자의 14.6%가 그리고 2009년의 경우는 응답자의 25.3%가 자신의 신분증을 회사나 관리자가 보관하고 있다고 응답하였다. 2008년의 경우 무려 51.6%의 응답자가 여권관리를 회사나 관리자에게 일임하고 있다고 응답했으며, 외국인등록증의 경우도 회사나 관리자가 보관하고 있다고 답한 응답자가 6.8%에 달했다.

근로계약 체결 시와 취업 전 교육 등을 통해 이주노동자와 고용주에게 이주노동자가 자신의 여권 및 외국인등록증을 스스로 보관해야 하며, 이를 타인이 압수하거나 보관하는 것이 위법한 행위인 것을 알리는 계도노력이 필요하다.

4) 주거시설 및 주거환경

2009년 조사에 따르면, 주거시설이라 할 수 없는 공장에 있는 방이나 컨테이

너, 비닐하우스 등의 가건물에서 생활하는 이주노동자가 전체 응답자의 62.6%(외국인이주 · 노동운동협의회, 2009 : 22), 2008년 조사에서는 회사 내 기숙사가 64%, 사무실과 가건물에서 잠을 잔다고 응답한 경우가 20%로 이주노동자의 주거환경 개선이 시급한 것으로 보인다(국가인권위원회 부산인권사무소, 2008 : 20). 이주노동자들이 회사로부터 제공받는 기숙사가 컨테이너, 개조한 창고 등 비거주시설인 경우가 많으며, 작은 공간을 과밀한 인구가 이용하거나, 다국적의 이주노동자들이 이용하는 과정에서 문화적 차이로 인한 스트레스 등이 많은 것으로 나타났다. 숙소가 회사와 가까운 경우 작업소음 등으로 인해 제대로 휴식을 취할 수 없는 경우도 많은 것으로 나타났다. 한편 주거비를 이주노동자가 부담하는 경우는 2009년 39.4%(회사와 공동부담 포함)(외국인이주 · 노동운동협의회, 2009 : 23), 2008년에는 22%에 달하였다(국가인권위원회 부산인권사무소, 2008 : 23). 2009년 중소기업중앙회가 이주노동자에게 제공하는 숙식비 부담기준을 각 사업체에 안내한 이후 이주노동자의 평균임금과 제공받는 시설에 비해 지나치게 많은 비용이 숙식비 명목으로 이주노동자 월급에서 공제되고 있다.

5) 산업재해 예방과 보상

산업안전보건법은 건강검진과 산업안전교육의 시행을 법으로 규정하고 있으나, 2011년 조사결과에 따르면, 건강검진실시는 사업장 규모에 따라 101~300명 규모 사업장에서 일하는 경우 83.8%가 건강검진을 받은 반면, 1~5명이 일하는 영세사업장은 46.1%가 건강검진을 받은 것으로 나타났다. 산업안전교육의 경우 업종별로 제조업이 42.6%, 그 외 업종은 42.1%가 교육을 받았다고 답하였다(외국인이주 · 노동운동협의회, 2011 : 34-35). 2008년의 경우에도 건강검진을 받은 적이 있다고 답한 경우는 58.1%, 산업안전교육은 44.8%가 받은 적이 있다고 답하였다(국가인권위원회 부산인권사무소, 2009 : 26). 이주노동자가 산업재해를 당한 경우 그 치료비는 어떻게 부담하였는지 조사하였다. 2011년 조사결과에서 산재보험을 이용한 경우는 19.7%에 불과했으며, 본인이 전액을 부담한 경우가 30.7%에 달하였다(외국인이주 · 노동운동협의회, 2011 : 38). 산업재해를 예방하기 위해 건강검진과 산업안전교육의 정기적 실시, 유독물질이나 위험한 장비사용 시 주의사항 등을 이주노동자 모국어로 전달하는 등 보다 적극적인 노력이 필요하다. 또한 이주노동자가 산업재해를 당한 경우 산재보험을 통해 충분한 치료를 받을 수 있도록 조치를 강구하여야 한다. 산업재해보상과 관련하여 이주노동자가 근로복지공단에 신고 시 모국어와 한국어로 병기된 서식과 모국어 통역서비스를 제공받아야 하며, 재활교육 및 취업교육 등을 한국인 노동자와 동등하게 보장받을 수 있어야 한다. 또한 중환자의 경우 가족을 초청할 수 있도록 법적 · 행정적 장치가 보완되어야 한다.

6) 사업장 내 차별과 인권침해

이주노동자들은 여전히 사업장 내에서 일상적인 폭언, 폭행 등 인권침해를 당하고 있으며, 작업에 있어서도 한국인노동자와 차별을 받고 있다. 한국인노동자와의 차별은 상여금의 차별적 지급, 임금, 수당, 휴게시간기준, 노동조건의 차별적 적용 등으로 나타나고 있다(외국인이주 · 노동운동협의회, 2011 : 28). 근로기준법은 사업장 내 폭행 및 차별을 금지하고 있으나, 인종차별에 대해서는 별도의 규정을 갖고 있지 않다. 사업장 내 폭언, 폭행과 같은 이주노동자가 겪는 일상적 차별은 자연스러운 현상으로 여겨지고 있으며, 이를 해결하기 위한 정부 차원의 적극적인 노력이 이루어지지 않고 있다.

7) 구직 중인 이주노동자의 생존권 보장

다수의 이주노동자들은 취업기간 중 회사에서 제공하는 숙소를 이용한다. 그러나 구직기간 중에는 회사에서 제공하는 숙소를 이용할 수 없고, 실업기간의

최소한의 생계유지를 위한 실업수당도 받을 수 없어 실질적으로는 생활의 기반을 상실하게 된다. 이주노동자가 구직기간 중 최소한의 생계를 유지할 수 있도록 쉼터와 같은 최소한의 주거시설을 보장하기 위한 방안을 마련하여야 하며, 고용보험 적용을 통한 실업수당 지급 등 가능한 방안을 강구하여야 한다(국가인권위원회, 2010).

8) 4대 보험과 '외국인근로자 전용보험'

외국인근로자 전용보험이란 퇴직금 보전을 위한 출국만기보험, 귀국비용 마련을 위한 귀국비용보험, 임금체불에 대비한 임금체불보증보험, 업무상 재해 이외의 질병, 상해에 대비한 상해보험을 말한다. 출국만기보험과 임금체불보증보험은 사용자가, 귀국비용보험과 상해보험은 이주노동자가 각각 의무적으로 가입하여야 한다. 이주노동자도 국민과 동일하게 4대 보험의 의무가입 주체이나, 국민연금의 경우에는 상호주의에 따라 구분하고, 고용보험의 임의가입사항이다. 그러나 이주노동자들은 이와 같은 사회보험의 내용, 가입주체, 가입 및 납입 여부 등에 대한 내용을 모르는 경우가 많고, 이를 인지하지 못해 수령하지 못하는 경우도 많다. 사업주가 가입주체인 출국만기보험, 임금체불보증보험, 사업주가 월 납입액의 절반을 부담해야 하는 국민연금의 경우 사업주가 납입을 하지 않아 이주노동자가 수령하지 못하는 경우도 많다. 그러나 공단 측이나 고용노동부 차원에서의 권리구제방안은 부재하다. 특히 국민연금의 경우 귀국 직전 일시불로 수령하게 된다. 그러나 사업주분이 미납된 경우, 이주노동자는 납입금을 수령할 수 없으며, 별다른 조치를 취하지 못한 채 체류기간 만료로 출국하게 되는 경우가 발생하고 있다. 또한 이주노동자가 근로계약기간 만료 전에 퇴사하거나 사업장을 이탈하게 되는 경우 이주노동자가 수령하지 못한다. 사업주 중에는 이러한 경우를 악용하여 계약기간 전에 근로계약을 해지하거나, 악의적으로 이탈신고를 하기도 한다. 입국 직후 이루어지는 취업 전 교육만으로는 이주노동자에게 충분한 정보제공이 불가하다. 이주노동자에게 익숙하지 않은 여러 사회보험의 내용과 이용절차 등의 인지를 도울 수 있는 방안을 마련하여야 하고, 지속적이고 반복적으로 안내할 수 있는 방안을 마련하여야 한다. 사회보험을 미납하는 사용주에 대한 처벌을 강화하고, 이주노동자가 보다 쉽게 수령할 수 있도록 관련절차를 개선해야 한다(국가인권위원회, 2010).

5. 우리나라 이주아동권리보장법 법안

아동의 종합적인 교육권과 관련된 UN의 국제규약은 아동권리협약이다. 아동권리협약에서는 ① 아동최선의 이익, ② 차별금지, ③ 아동의 생존, 보호, 발달, ④ 참여권의 실질적 보장을 4대 원칙으로 규정하고 있다. 특히 모든 아동에게 초등교육은 의무적으로 또한 무상으로 제공되어야 함을 명시하고 있다. 2001년 3월 초 · 중등교육법 시행령이 개정되면서 우리나라에 거주하고 있는 불법체류이주자 자녀도 초등학교에 입학이 가능하게 되었지만, 현실적으로 불법체류가정의 자녀를 입학시키는 것을 학교당국에서 꺼려하고 있다. 이유는 그들의 입학결정은 학교장의 재량이므로, 어떤 문제가 발생하게 되면 그 책임을 학교장이 전적으로 부담해야 하기 때문이다. 하지만 우리나라는 1991년 이 협약에 비준하였기에, 2003년 1월 UN 아동권리위원회는 한국정부에 '모든 외국인 어린이에게도 한국 어린이들과 동등한 교육권을 보장하라'고 권고한 바 있다. 법무부 통계(2009)에 의하면, 한국 내 18세 미만 이주아동은 약 5천 명에 이른다. 그중 단기체류아동과 선진국 아동 2만 5천 명을 제외하면, 약 2만 5천~3만 명의 개발도상국 출신 아동이 한국에서 살고 있는데, 대개 외국인노동자, 난민, 결혼이주자들의 자녀로 나타났다. 2009년 4월부터 '이주아동 · 청소년 권리보장을 위한 시민행동'이 창립되어 2011년 4월 15일 김동성 한나라당 의원이 '이주아동권리보장법 법안'을 국회 법사위원회에 상정한 바 있다(국가인권위원회 부산사무소, 2011).

참고문헌

고용노동부 통계자료(2011). 국내체류 외국인이주노동자 통계자료.

고용노동부 홈페이지(2011). http://www.moel.go.kr

국가인권위원회 부산사무소(2008). 부산지역 이주노동자생활실태조사.

______________________(2011.11.17). 이주아동의 인권증진을 위한 심포지엄 자료집.

국가인권위원회 인권교육포럼(2009. 12). 제7차 인권교육포럼 개최. 다문화 인권정책의 현안과 과제. 전북대학교 법학대학원.

국가인권위원회(2010.6). 인신매매 피해 이주여성의 인권보호를 위한 서울국제회의 자료집.

_____________(2010.7.16). 이주노동자권리협약 쟁점토론회 자료집.

_____________(2011.10). 이주 인권가이드라인 구축을 위한 실태조사.

설동훈(2005). 외국인노동자와 인권. 민주주의와 인권, 5(2), 39-77.

설동훈 · 박경태 · 이란주(2004). 외국인 관련 국가인권정책 기본 계획 수립을 위한 연구. 국가인권위원회.

소라미(2007.11.30). 국제결혼이주여성의 인권실태와 관련 법적 쟁점. 국제결혼 이주여성, 쟁점과 전망. 국제학술대회자료집. 서울대학교 여성연구소.

_____(2009). 결혼이주여성의 인권실태와 한국 법제도 현황에 대한 검토. 조선대학교 법학연구원. 법학논총, 16(2), 43-74.

여성가족부(2010). 다문화가족의 해체문제와 정책과제.

외국인이주 · 노동운동협의회(2009). 고용허가제 이주노동자 인권실태 조사보고서.

______________________(2011). 고용허가제 이주노동자 인권실태 조사보고서.

유엔난민기구 한국사무국 홈페이지(2012). http://www.unhcr.or.kr

이주노동자운동후원회(2012.6.2). 개정된 외국인 고용 등에 관한 법률.

이주여성긴급지원센터(2010). 결혼이주여성의 삶 그리고 인권. 2006-2009년 상담실적 보서.

통계청(2011). 이주자 통계자료.

한국염(2011). 유엔 여성차별철폐 이주여성과 관련한 정부보고서에 대한 민간보고서. 한국이주여성인권센터.

07

CHAPTER

7번방의 선물 : 사회적 취약계층의 인권을 고려하다

CHAPTER 07

7번방의 선물[1] : 사회적 취약계층의 인권을 고려하다

지적장애를 앓고 있는 아버지 용구는 딸 예승을 위해 세일러문 캐릭터가 그려진 노란색 가방을 사는 것을 꿈꾸며, 매일같이 가방가게 앞에 들른다. 하지만 마지막으로 하나 남은 가방은, 결국 경찰청장의 딸의 것으로 넘어간다. 다음 날, 용구가 마트 주차요원으로 근무하여 받은 월급을 계산하던 도중 가방을 사갔던 경찰청장의 딸을 만나고, 가방을 멘 아이는 용구에게 자신을 따라오라고 한다. 전통시장의 골목길을 지나던 아이는 스스로 빙판에 미끄러져 넘어지면서 벽돌에 맞아 과다출혈로 숨지게 된다. 아이를 따라갔던 용구는 목격자의 신고에 따라 억울하게 아이를 살해, 강간한 것으로 오해를 받고 결국 사형판결을 받아 성남교도소에 입감된다. 집에 혼자 남은 예승이는 보육원으로 들어가게 되었다. 용

1) 2013년 이환경 감독의 영화

구가 딸을 애타게 찾자, 다른 수형자들의 도움으로 예승을 몰래 교도방으로 들여온다. 하지만 얼마 안 가 납치범에게 아들을 잃은 보안과장에게 이 사실이 발각되어 용구는 과장으로부터 미움을 받지만, 다른 재소자 박상면이 저지른 방화로 죽을 뻔한 보안과장을 용구가 구하자 과장 역시 생각이 달라져 용구를 도우려고 한다. 결국 모든 재소자들이 용구의 누명을 벗겨주기 위해 탄원서를 작성하고, 용구가 재심법정에서 말해야 할 말들을 미리 준비하여 알려준다. 하지만 국선변호사의 무성의한 변론진행과 경찰청장의 협박 · 폭행으로 용구는 정작 현장에서 준비해갔던 말들을 이야기하지 못하고, 재심에서도 사형판결을 받는다. 마지막 방법으로 다른 수형자들이 열기구를 만들어 예승과 용구를 탈출시키려고 하지만, 열기구가 교도소의 담을 넘지 못해 실패한다. 결국 1997년 12월 23일, 예승의 생일에 용구의 사형이 집행되고, 성인이 된 예승은 사법연수생이 되어 2012년 12월 23일 열린 모의국민참여재판에서 아버지의 누명을 벗겨준다(위키백과사전, 2013).

7번방의 선물의 주된 이슈는 사회적 약자로서의 지적장애인에 대한 차별과 낙인 그리고 그들이 범죄자가 될 수 있는 상황에 노출되었을 때 자기방어능력의 취약성으로 인해 피해자가 될 수 있음을 시사하고 있다고 보인다. 지적장애인에 대한 범죄처벌 수준에 대한 논의는 각 나라마다 사회제도적인 합의가 요구되는 사안이니만큼 상당히 어렵고 복잡한 것임에 틀림없다.

우선 1971년 12월 20일 UN총회에서 '결정된 정신지체인 권리선언'을 살펴보면 다음과 같다.

제1조 정신지체인은 국민으로서 일반 시민과 동등한 기본적 권리를 가진다.

제2조 정신지체인은 그 상태가 아무리 심하다 할지라도 그의 능력과 가능성을 최대한도로 발전시킬 수 있도록 적절한 의학적 조치와 교육, 훈련, 재활 및 지도를 받을 권리를 가진다.

제3조 정신지체인은 안정된 경제생활을 보장받을 권리가 있다. 또한 생산적이며 뜻있는 직업에 종사할 권리를 가진다.

제4조 정신지체인은 가족들과 함께 살 권리가 있다. 또한 모든 사회생활에 참가하며 여가를 즐길 수 있는 조치가 마련되어야 한다. 정신지체인과 동거하는 가족들은 부조를 받아야 한다. 만일 시설에서의 양호가 필요한 자라면 그 시설은 최대한도로 가정적 분위기가 조성되어야 한다.

제5조 정신지체인은 자기의 개인적인 복지나 이익을 보호하기 위해 필요할 때는 자격있는 후견인을 가질 권리가 있다.

제6조 정신지체인은 착취와 남용과 학대로부터 보호받을 권리가 있다. 만일 고소를 당한다면 그의 심신상의 책임능력을 충분히 인정하여 공정한 재판을 받게 해야 한다.

제7조 정신지체인이 중증으로 그 모든 권리를 유용하게 행사할 수 없을 경우, 또는 그 권리의 일부나 전부가 제한되거나 배제되어야 할 필요가 생겼을 경우에 이에 적응하는 절차가 남용되지 않도록 법적으로 보장되어야 한다.

하지만 정신지체장애인은 지적장애로 인한 판단력 및 의사소통 부족이나 표현력 미비로 인한 민·형사상의 권리침해를 받기 쉬우며, 그러한 점은 정신지체장애인 개인에게 심각한 상황을 초래하게 되는 것이 현실이다.

2005년 장애우권익문제연구소가 개최한 인권상담사례 발표회에서 사례발표자로 나선 정신지체 2급 장애를 갖고 있는 김모(18) 군의 어머니 이○○ 씨는 자신의 아들을 성폭력 범죄자로 몰아간 경찰과 검찰, 법원에 분노를 표했다. "내 아들이 6학년 여자아이를 강간하려고 하고, 폭행을 했다고 경찰이 말했다. 하지만 우리 아들은 5살 조카아이한테도 맞고 우는 아이인데 나로서는 도저히 이해가 되지 않는다. 억울하다"는 것이다. 김군은 2004년 5월 4일 6학년 여자아이를 30분 정도 쫓아다니다 집 안으로 따라 들어가 폭행하고 성추행했다는 혐의로 경찰 다섯 명에 의해 긴급체포돼 재판을 받고, 그 결과 소년법에 따라 보호처분을 받고 있다. 김군은 큰집에 다녀오다가 피해자인 초등학생이 경찰에게 설명한 가해자와 옷차림, 외모 등이 비슷하다는 이유로 현장에 출동한 경찰에 의해 피해자의 집에서 200여 미터 정도 떨어진 노상에서 긴급체포되었다. 하지

만 협의내용은 김군의 장애 특성상 불가능한 일이라는 것이 어머니의 설명이다. 어머니는 "내 아들은 아주대학 병원에서 사회화능력이 3~4세 전후밖에 안 된다는 판명을 받은 아이인데, 그런 일을 했다는 것이 도저히 이해가 되지 않는다"고 억울함을 호소했다.

수사과정에서도 경찰과 검찰, 법원의 장애에 대한 편견 때문에 김군이 불합리한 처분을 받았다고 담당 변호사는 말한다. "체포 당시 5명의 경찰은 수갑을 채워 김군을 연행했고, 몇 마디만 나눠보면 금방 장애 정도를 알 수 있음에도 불구하고 긴급체포 후 보호자에게 통지하지 않았다"고 설명했다. 또한 어머니 이씨는 "경찰서에서 형사가 아들에게 '일이 잘 해결될 거라면서 지장을 찍으라'고 해서 아들도 찍고 나도 찍었다. 나중에 알고 보니 조서 꾸민 내용을 읽어보고 지장을 찍어야 한다는데 눈이 나빠서 한 글자도 못 본 채 지장을 찍은 것이었다. 너무도 억울하다"고 말했다. 특히 고 변호사는 "경찰은 정신지체장애 2급 정도의 장애를 가진 사람이면 질문자의 질문의도에 따라 얼마든지 원하는 답변을 도출해낼 수 있을 정도로 정신능력이 떨어진다는 사실을 알지 못한 상태에서 긍정적인 형태의 질문을 통해 자백을 받아냄으로써 김군을 가해자로 확정한 것"이라고 지적했다.

김군 측은 재판과정에서도 장애에 대한 편견이 작용했다고 보고 있다. 경찰, 검찰은 정신지체장애인의 경우에도 성욕이 있고 성욕은 식욕과 함께 1차적인 욕구이므로, 그러한 욕구를 느낄 경우 이를 억누르는 것은 불가능하다는 입장을 보였고, 법원도 재판 초기 이러한 입장을 고수한 것으로 전해졌다. 김군 측은 변호를 해나가는 과정에서 정신지체장애의 특성에 대한 이해를 구했고, 다행히 담당판사는 김군이 피해자를 성추행하지 않았을 수도 있다는 의견을 표명했고, 다만 예방적 차원에서 보호처분을 내렸다. 김군은 현재 1주일에 한 번씩 법원이 지목한 목사에게 상담을 받고 있다. 담당 변호사는 "경찰과 검찰이 사건 초기부터 장애의 특성이 이 사건의 중요한 판단요인임을 인식했다면, 김군은 보호처분을 받지 않았을 것이고, 피해자에게 성추행을 한 가해자를 밝힐 수도 있었을 것"이라고 설명했다. 이날 발표회에서 장애우권익문제연구소 김○○ 팀

장은 "경찰의 수사방식대로라면 김군과 같은 정신지체장애인들은 경찰에 의해 얼마든지 범죄자가 될 수 있다. 실제로도 김군과 같은 사례들이 굉장히 많이 있다"고 밝혔다[(사) 경기도장애인정보화협회홈페이지, 2013].

미국의 경우 대법원에서 2002년 정신지체를 가진 수감자에 대한 사형이 위헌이라는 판결을 내렸고, 정신장애에 대한 기준을 결정하는 권한을 각 주에 위임한 바 있다. 특히 조지아 주는 정신장애인의 사형과 관련해 '합리적 의심을 뛰어넘을 만한 증거'를 제시해야 한다고 명시하는 등 미국 내에서 가장 엄격한 기준을 갖고 있다고 보고하고 있다. 최근 미국 조지아 주에서 지적장애인 수감자가 사형에 처해지기 직전 사형집행이 연기됐다고 한다. 미국 조지아 주 항소법원은 지난 1991년 동료수감자를 살해해 사형을 선고받은 워렌 힐(52세)에 대한 사형집행을 불과 몇 분 전 연기시켰다. 힐은 IQ 70의 지적장애인으로, 정신지체를 규정하는 기준선에 위치한 매우 애매한 입장에 있다. 여자친구를 살해한 뒤 종신형을 선고받고 복역 중이던 힐은 이후 다시 한 번 동료수감자를 살해해 사형을 선고받았다. 미국 인권단체들은 오심(誤審)의 가능성을 강조하며 형 집행을 유예해달라고 호소했다. 힐의 변호인도 조지아 주 법원에 항소해 힐의 사형은 부적격하므로 이를 입증할 기회를 얻고자 하였다. 허나 법원은 힐의 지적장애와 관련해 '합리적 의심을 뛰어넘는 증거(proof beyond a reasonable doubt)'를 제시하지 못했다며 이를 기각했었다(중앙일보, 2013.2.21). 미국법안은 정신지체인을 '18세 이전까지 IQ가 70 이하에 머무르면서 적응능력에 심각한 한계를 보이는 자'로 정의하고 있는데, 미국에서 사형제도를 인정하는 38개 주 가운데 텍사스 주와 버지니아 주를 포함한 13개 주가 정신지체인에 대한 사형집행을 허용하고 있다.

참고문헌

(사) 경기도장애인정보화협회홈페이지(2013). 자료집. 정신지체장애인을 성폭력 범죄자로 몰아.

위키백과사전(2013). 영화 '7번방의 선물' 줄거리 요약.

중앙일보(2013.2.21). 영화 '7번방의 선물' 지적장애인 사형가능 논란… 현실에서는?.

08

CHAPTER

청원 : 존엄한 죽음의 조건을 되새기다

CHAPTER

08 청원[1] : 존엄한 죽음의 조건을 되새기다

〈영화 주인공의 14년 만의 외출〉

청원(Guzaarish, 2011.11. 개봉)은 산제이 릴라 반살리가 감독한 인도영화로서 원제는 '소원'이다. 주인공은 '청컨대, 내게 존엄한 죽음을 허락하소서!'라고 외치고 있다. 최고의 마술사에게 주어지는 호칭 '멀린'이라 불리던 남성, 그의 이름은 이튼이다. 불의의 사고로 최고의 마술사 자리에서 사지마비 환자로 떨어진지 어느덧 14년이 흘렀다. 그의 곁에는 지난 12년 동안 단 하루의 휴가도 없이 헌신적으로 곁을 지켜준 간호사 소피아가 있다. 그녀는 이튼을 씻겨주고, 약을 먹여주고, 식사를 챙겨주고, 욕창이 덧나지 않게 몸을 돌려주었다. 그가 진행하

1) 2011년 산제이 릴라 반살리 감독의 영화

> 고 있는 라디오 DJ 방송의 음향기사 역할도 해주었다. 소피아 없는 이튼은 상상조차 할 수 없다. 하지만 그녀는 기사를 통해 이튼이 자신의 안락사를 허용해달라고 법원에 청원서를 제출한 소식을 듣고 충격을 받게 된다.
>
> 안락사가 법으로 금지되어 있는 인도의 법원에 청원서를 제출한 것은 이튼의 친구인 변호사 데비아니였다. 수많은 여론들이 일제히 들고 일어나 이튼을 비난하기 시작했다. 그가 이제껏 제시해 주었던 희망은 모두 거짓이었냐고… 한편 다른 사지마비 환자들이 그에게 전화를 걸어 힘을 내라고 격려하기도 하였다. 종교단체에서는 안락사는 있을 수 없는 일이라며 반기를 들었다. 누구 하나 그에게 지지를 보내주지 않았다. 소피아 역시 데비아니에게 화를 내지만 데비아니는 누구보다도 이튼이 원하는 것을 해주어야 한다고 생각했다. 그것이 진정한 우정이라고 믿기 때문이다. 이튼은 항소심 때문에 법원에 나갔다가 돌아오는 길에 들른 바닷가에서 자유를 만끽하게 된다. 14년 만의 외출이었다. 법원은 그에게 자신을 설명할 단 2분의 기회도 주지 않았지만, 이제 주변사람들과 그의 재판을 지켜보는 수많은 사람들은 그가 원하는 죽음의 의미에 동조하기 시작했다. 그가 인간답게 살고 싶은 것처럼 인간답게 죽고 싶어 하는 그 마음을 존중할 수밖에 없었던 것이다(네이버 영화 홈페이지, 2013).

존엄한 죽음이란 인간으로서 지녀야 할 최소한의 품위와 가치를 지키면서 죽을 수 있게 하는 행위를 의미한다. 최선의 의학적 치료를 다하였음에도 회복 불가능한 사망의 단계에 이르렀을 때, 질병의 호전을 목적으로 하는 것이 아니라 오로지 현 상태를 유지하기 위하여 이루어지는 무의미한 연명치료를 중단하고, 질병에 의한 자연적 죽음을 받아들임으로써 인간으로서 지녀야 할 최소한의 품위를 지키면서 죽을 수 있도록 하는 것이다. 무의미한 연명치료란 회복 불가능한 사망의 단계가 임박하였을 때 의학적으로 불필요하다고 판단되는 기계호흡이나 심폐소생술 등을 뜻한다. 이에 비하여 안락사는 질병에 의한 자연적 죽음이 아니라 인위적 행위에 의한 죽음이라는 점이 다르다. 안락사 중에서도 환자의 요청에 따라 고통을 받고 있는 환자에게 약제 등을 투입하여 인위적으로 죽음을 앞당기는 것을 '적극적 안락사', 환자나 가족의 요청에 따라 생명유지에 필수적인 영양공급이나 약물투여 등을 중단함으로써 환자를 죽음에 이르게 하는 행위를 '소극적 안락사'라고 한다. '소극적 안락사'를 존엄사와 동일시하는 견해도 있다. 안락사나 존엄사는 윤리적 · 종교적 · 법적 · 의학적 문제들이 복합적으로 얽혀있어 세계적으로 오랫동안 논란이 계속되고 있으며, 대부분의 나라에서 적극적 안락사는 허용되지 않는다. 네덜란드와 벨기에, 룩셈부르크는 존엄사와 안락사를 모두 합법화한 가장 진보적 입장이고, 미국은 오리건 주와 워싱턴 주에서 법적으로 허용하고 있으며, 40개 주에서는 인공호흡기 제거 등의 소극적 형태로 허용하고 있다. 일본은 2006년 회복가능성이 없는 말기환자에 대하여 사실상 소극적 안락사를 허용하는 가이드라인을 제정하였고, 영국도 대체로 폭넓게 인정하는 분위기이다.

한국에서는 2009년 5월 21일 대법원이 무의미한 연명치료장치 제거 등을 인정하는 판결을 내려 존엄사에 대한 논란이 일었다. 이 판결에 따르면, 식물인간 상태인 고령의 환자를 인공호흡기로 연명하는 것에 대하여 질병의 호전을 포기한 상태에서 현 상태만을 유지하기 위하여 이루어지는 연명치료는 무의미한 신체침해 행위로서 오히려 인간의 존엄과 가치를 해하는 것이며, 회복 불가능한 사망의 단계에 이른 환자가 인간으로서의 존엄과 가치 및 행복추구권에 기초하여 자기결정권을 행사하는 것으로 인정되는 경우에는 연명치료 중단을 허용할 수 있다고 하였다. 연명치료가 무의미하고 환자의 의사가 추정되는 경우로 제한하기는 하였으나 사실상 존엄사(또는 소극적 안락사)를 인정한 첫 판례이다(두산백과사전, 2013).

최근에는 웰빙과 함께 안락사 논쟁에서 촉발된 웰다잉(well-dying)에 대한 관심도 높아지고 있다. 2009년 2월 선종한 고 김수환 추기경은 생명연명치료를 거부하고 자연스러운 죽음의 과정을 받아들임으로써 아름답고 존엄한 죽음을 몸소 실천해 보였다. 평소 존엄사를 긍정적으로 인정해온 고 김수환 추기경은 병세가 악화되기 시작한 2008년 말부터 인공호흡기와 같은 기계적 치료에 의한 무의미한 생명연장을 거부해왔다. 이와 함께 2009년 2월 서울고등법원은 환자 김○○ 씨의 가족이 세브란스 병원을 상대로 낸 연명치료 중단 민사소송에서 환자의 연명치료를 중단하라는 판결을 내림으로써 존엄사와 안락사에 대한 사회적 공론을 일으켰다. 따라서 웰빙은 잘 먹고 잘 사는 문제만이 아니다. 행복한 죽음, 즉 웰다잉이 포함되어야 한다(네이버 지식백과, 2013; 대중문화사전, 2009).

웰다잉은 환자에게 호스피스 서비스를 충실하게 제공할 수 있는지 여부와도 긴밀한 관계가 있다고 보인다. 죽음을 앞둔 환자에게 연명의술(延命醫術) 대신 평안한 임종을 맞도록 위안과 안락을 최대한 베푸는 봉사활동을 의미하는 호스피스라는 말은 라틴어 hospes(손님)에서 유래한다. 호스피스는 중세기에 성지순례자들이 하룻밤을 쉬어가는 곳이라는 의미를 가지고 있었다. 예루살렘성지 탈환을 위한 십자군전쟁 당시 많은 부상자를 호스피스에서 수용하여 수녀들이 치료하였고, 부상자들이 이곳에서 임종하게 되면서 호스피스는 임종을 앞둔 사람들의 안식처라는 의미로 사용되었다. 현재 호스피스는 임종환자가 편안하게 죽음을 맞을 수 있도록 하며 환자의 가족까지 돌본다는 의미를 가지고 있다. 환자가 사망한 후 가족구성원들이 느끼는 충격이 더욱 심각할 수 있기 때문에 사망 후 1년까지 지속적으로 보살펴 준다. 한국에서는 강릉의 갈바니병원에서 1978년 6월에 호스피스 활동을 시작한 것이 최초이다. 1982년 4월 서울의 강남성모병원을 중심으로 본격화되어, 대부분의 가톨릭계 병원에서 실시하고 있다. 특히 1995년에는 국내 최초로 가톨릭대학교 간호대학이 세계보건기구(WHO) 호스피스 협력센터로 지정되었다. 호스피스는, 죽음이란 삶의 자연스러운 과정이라는 것을 인식시키고, 이를 바탕으로 정신적 · 육체적 고통이 완화되도록 도와주는 것이므로, 암환자의 치료에도 의학적 견지에서 중요한 역할을 한다고 주장하는 견해도 있다(두산백과사전, 2013).

보건복지부는 2013년 11월 8일 2020년까지 전국의 호스피스 병상을 1,400개로 늘리겠다고 발표했다. 현재 880개보다 늘어난 것으로 싱가포르나 대만 정도의 수준까지 향상시킬 예정이다. 이는 우리 사회에서 호스피스의 중요성에 대한 인식이 시작되고 있음을 시사한다고 볼 수 있겠다.

또한 웰다잉을 준비하기 위한 한 방편으로 버킷리스트(bucket list), 죽기 전에 꼭 해보고 싶은 일과 보고 싶은 것들을 적은 목록작성의 필요성을 강조하고자 한다. 버킷리스트는 '죽다'라는 뜻으로 쓰이는 속어인 '킥 더 버킷(kick the bucket)'으로부터 만들어진 말이다. 중세시대에는 교수형을 집행하거나 자살을 할 때 올가미를 목에 두른 뒤 뒤집어 놓은 양동이(bucket)에 올라간 다음 양동이를 걷어참으로써 목을 맸는데, 이로부터 '킥 더 버킷(kick the bucket)'이라는 말이 유래하였다고 전해진다. 2007년 미국에서 제작된 롭 라이너 감독, 잭 니콜슨 · 모건 프리먼 주연의 영화 〈버킷리스트〉가 상영된 후부터 '버킷리스트'라는 말이 널리 사용되기 시작했다. 영화는 죽음을 앞에 둔 영화 속 두 주인공이 한 병실을 쓰게 되면서 자신들에게 남은 시간 동안 하고 싶은 일에 대한 리스트를 만들고, 병실을 뛰쳐나가 이를 하나씩 실행하는 이야기를 담고 있다. '우리가 인생에서 가장 많이 후회하는 것은 살면서 한 일들이 아니라, 하지 않은 일들'이라는 영화 속 메시지처럼 버킷리스트는 후회하지 않는 삶을 살다 가려는 목적으로 작성하는 리스트인 것이다(두산백과사전, 2013). 그렇다면 여러분들의 버킷리스트에는 무엇이 담겨져 있는가?

참고문헌

김기란 · 최기호(2009). 대중문화사전 – 웰다잉. 현실문화연구.

네이버 영화 홈페이지(2013). 영화 '청원' 줄거리 요약.

네이버 지식백과(2013). 웰다잉.

두산백과사전(2013). 버킷리스트.

__________(2013). 존엄사.

__________(2013). 호스피스.

09

CHAPTER

뷰티풀 차일드 : 이문화 동화과정의 상처를 보듬다

CHAPTER 09

뷰티풀 차일드[1)] : 이문화 동화과정의 상처를 보듬다

캐나다 서부해안 지역에서 활동하는 한인 선교사들에 관한 다큐멘터리로서 이성수 감독 자신이 '영화로 드리는 예배'라고 말하는 종교영화이다(2013.11. 개봉). 매일 밤 성 마이클 기숙학교에서는 어린 아이들의 비명소리가 들려왔다. 19세기 후반 캐나다 정부가 실시한 문화동화정책에 따라 원주민들의 문화와 관습을 없애기 위해 그들의 어린 아이들을 부모에게서 떼어내어 기숙학교에 집어넣었다. 그리고 하나님의 이름으로 반복된 정신적 · 육체적 · 성적인 학대가 가해졌다. 원주민들은 기나긴 시간을 영혼을 빼앗긴 채 살아와야 했고, 수치심에 못 이겨 술과 마약 그리고 범죄에 빠져 살았다. 기숙학교에서 살아나온 생존자 30%가 끔찍한 트라우마를 가지고 평생을 살아가고 있다. 기나긴 폭력의 역사는 기숙학교가 폐교한 시기인 1996년까지 계속되었고 깊어질 대로 깊어진 갈등의 골

1) 2013년 이성수 감독의 영화

> 은 그 누구도 해결할 수 없을 거라 생각했다. 하지만 그 틈을 담대하게 비집고 들어가 화해의 중재자가 되어준 한인 선교사들… 세상을 감동시킬 따뜻한 화해와 용서의 장이 펼쳐진다는 내용이다(네이버 영화 홈페이지, 2013).

본 영화내용은 인권문제와 도시빈민문제를 다루고 있어 비기독교인도 생각해 볼 부분도 많다. 미국, 캐나다로 선교활동을 하러 간다면 의아하게 느껴질 수 있다. 선교는 저개발국가에 필요하다는 선입견 때문이다. 하지만 세계에서 가장 살기 좋은 도시로 꼽히는 캐나다 밴쿠버의 헤이스팅스 거리에 들어서면 생각이 바뀐다. 에버리진 원주민은 캐나다 인구의 3%에 불과하지만 이 거리 구성원은 70%가 원주민이다. 달리 말하면, 캐나다에서 가장 가난하고 위험한 거리에 원주민들이 방치되어 있는 것이다. 이들은 대부분 직업 없이 술, 마약, 폭력에 찌든 삶을 살고 있다. 한인 선교사들은 15년 전부터 이 거리에서 도시빈민 사역을 시작했다. 사역은 하루 두끼 식사를 제공하는 봉사활동으로 시작되었다. 캐나다의 원주민 문제는 19세기 기숙학교제도에서 비롯한다. 이때 금광개발을 위해 백인들이 서부 해안지역으로 몰려들었고 캐나다 정부는 원주민 동화교육정책을 위해 기숙학교를 설립한다. 부모에게서 일방적으로 분리된 아이들은 무조건 기숙학교에서 생활해야 했다. 발상 자체가 비인도적인 이 제도의 더 큰 문제는 기숙학교에서 자행된 정신적 · 육체적 학대다. 지속적인 폭행과 성적 모욕을 당한 아이들은 학교졸업 뒤에도 정상적인 생활을 할 수 없었다. 기숙학교 출신들 대부분이 사회에 적응하지 못하고 자살하거나 알코올 혹은 약물 중독자로 살고 있다. 기숙학교에서 살아 돌아오지 못한 아이들도 많아서 졸업생은 기숙학교 생존자라 불린다. 기숙학교 운영은 1996년 중단되었지만 이제는 가정위탁이라는 또 다른 제도가 만들어져 시행되고 있다. 2008년 발족된 '진실과 화해 위원회'가 원주민들을 위한 보상 · 반환운동을 벌이고 있다(씨네21리뷰 홈페이지, 2013).

이 시점에서 이 장에서는 문화적응의 경향성과 이에 동반되는 변화들에 대해 살펴보고자 한다. 문화적응 연구의 경향성은 접촉에 있어서 두 집단이 연계되면서 상호 변화(mutual change)되는 과정에 초점을 두고 있다(Berry, 1997; Bourhis et al., 1997, Seth, 2006 재인용). 즉, 두 문화집단이 접촉하게 되면 문화변화가 두 집단 모두에 영향을 준다고 한다. 그러나 현실에서 우세한 집단은 영향을 받지 않은 채로 남아있으면서, 우세하지 않은 집단이 변화되는 경우가 흔하다(Bhugra et al., 1999).

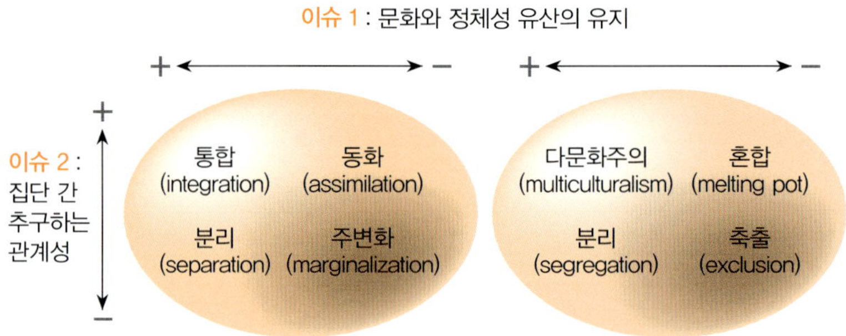

|그림 9-1| 이민집단과 이주사회에서 문화 간 전략의 다양성

이주자 또는 우세하지 않은 문화의 개인들은 문화적응태도(acculturation attitudes)로 알려진 두 개의 차원 간 특성을 이해할 필요가 있다. 즉, 두 개의 이슈, 첫째, 다른 집단과 어느 정도의 접촉 또는 회피를 원하는지, 둘째, 원문화적 특성을 어느 정도 유지하거나 또는 포기하길 원하는가에 관련된다. 이것은 위의 |그림 9-1|에서 보여주고 있는 왼쪽영역의 차원은 이주자들이 이 두 개의 이슈를 어떻게 다룰 것인가에 따른 특성으로 구분된다. 그리고 오른쪽 영역의 차원은 그들을 수용하는 사회가 그들을 어떻게 처우할 것인가와 관련된다. 따라서 이민자들을 받아들이는 사회는 이민자들을 수용하기 위해서 어떻게 변화할 것인가를 고려해야 할 필요가 있다. 그러므로 두 문화가 접촉하게 되면 필연적으로 상호과정(mutual process)이 있게 된다. 또한 그것에는 한 집단문화 고유의 태도와 행동, 그리고 다른 집단 고유의 태도와 행동에 대한 인식이 관여된다. 문화변용전략의 개념은 두 개의 강조되는 차원, 즉 자국문화 유지와 다른

문화에 참여함에 기반한다. 오늘날에는 개인이 자신을 어떻게 생각하는가 하는 것 역시 두 개의 영역에 따라서 구성된다는 것에 합의되고 있다. 이러한 영역의 첫 번째는 개인적 유산(heritage) 또는 민족집단에 따르는 정체성이고, 두 번째는 좀 더 크고 우세한 사회와 함께 하는 정체성이다. 따라서 문화적 정체성은 전자의 경우에는 민족정체성, 후자는 시민정체성처럼 다양한 방식으로 언급되고 있다(Kalin & Berry, 1995). 아울러 이러한 문화 차원은 일반적으로 서로 독립적(independent)이나, 원문화 정체성은 이주사회문화의 정체성에 포함될(nested) 수 있다고 본다. 동시에 이주문화에 맞는 행동변화를 이해함에 있어서 가장 큰 관심은 이주문화의 언어지식을 알고 활용하는 것이라 할 수 있다(Bourhis, 1994; Clement & Noels, 1992). 이주문화의 언어지식과 활용은 문화적응태도와 긴밀하게 관련되기 때문이다(Masgoret & Gardnet, 1999).

이주자의 정체성을 좀 더 세부적으로 논의해 보자면, 첫째, 개인정체성이란 개인이 채택하고 지키려는 목표, 가치, 신념을 의미하는데, 이것은 특정한 사회 또는 문화집단의 이상과 특별히 관련되기도 하나 그렇지 않을 수도 있다(Phinney et al., 2001). 둘째, 사회적 정체성이란 개인이 특정한 내부집단(ingroup)을 동일시하는 것으로 그 집단의 가치, 신념, 사회적 관행, 관습, 분류를 포함시킨다(Erikson, 1968). 이러한 동일시는 개인이 '내부집단(ingroup)'에 대해 호혜를 갖는 정도와 '외부집단(outgroup)'으로부터 자신을 분리시키는 정도를 포함한다(Tajfel & Turner, 1986). 셋째, 문화적 정체성이란 사회정체성의 특별한 경향이며(Padilla & perex, 2003; Phinney et al., 2001), 개인과 문화의 맥락적 상호관계로 정의될 수 있다(Bhatia & Ram, 2001). 그리고 원문화 집단에 대한 사상적 결속력, 그리고 그러한 결속력의 결과로서 원문화와 다른 문화에 대해 명백히 드러나는 태도, 신념 그리고 행동을 일컫는다(Jenson, 2003; Roberts, Phinney et al., 1999). Serafini & Adams(2002)는 Adams & Marshall(1996)을 인용하여 정체성의 기능을 설명하는데, 개인을 규제하는 사회 · 심리적 구조로서 그 속에서 관심에 대한 방향을 제시해 주고, 정보를 처리하며, 생각을 관리하고, 행동을 선택하게 한다고 하였다. 또한 정체성은 첫째, 모방과 동일시를 통해서, 둘째, 새로운 문화에 대한 탐색과 구성 및 경험에 의한 특성화된 과정을 통해 채택된다. 집단주의 문화에서는 주로 전자에 의해서, 개인주의 문화에서는 후자에 좀 더 일치된다고 제시되고 있다. 나아가 Erikson은 자아정체성(ego identity)을 내적 측면과 외적 측면으로 구성하여, 내적 측면은 시간적 자기동일성과 자기연속성의 인식이라고 하였다. 반면 외적 측면은 문화의 이상과 본질적인 패턴을 인식하면서 동일시하는 것으로 타인과 본질적인 특징을 공유하는 것이라고 하였다(Erikson, 1968). 그는 사회가 양육의 패턴을 전수하고 교육기회를 제공하며 가치와 태도를 전달한다고 강조하였다. 따라서 문화적 목표와 개인의 열망, 사회적 기대와 요건, 문화가 개인에게 제공하는 기회 역시 중요한 요인으로 보고 있다.

정체성을 개념화시키는 가장 현실적인 방식으로서 상황적 접근(situation by situation)이라는 주장이 제기되었는데, 이것은 개인이 처한 상황에 따라서 자신의 정체성을 변화시키는 것이나, 실제로 그러한 방식의 접근을 하는 개인들은 심리사회적 적응이 낮다고 보고되는 경향이 있다(Berzonsky, 1990; Schwartz, 2001). 이렇게 문화적응과정에서 개인의 문화적 정체성을 어느 정도 수정할 것인가에 관한 이슈는 개인에게 적어도 혼란스러움을 제공하게 될 수도 있다. 그러나 문화변용과정이 문화적 정체성의 변화로서 명백히 나타난다는 전제를 수용한다면, 문화변용과 정체성의 상관성에 대하여 검증될 수 있는 이론적 주장을 일반화하는 정체성 변화에 대한 몇 가지 원칙들을 고려할 수 있다.

첫째는, 개인과 그 개인의 사회적 환경에서의 변화를 통해 정체성이 발달된다고 하는 것이다. Berzonsky(1990)는 정체성을 결정하는 관점은 상당한 개인적 차이가 제시되는데, 어떤 이민자들은 적극적인 입장에서 문화적응을 취하는 반면, 어떤 이민자들은 원문화적 유산에 의지하거나, 일관성 없이 문화적 정체성을 상황에 따라 변화시킨다고 한다. 이러한 경우는 정체성이 발전되고 있는 중이거나 수정되는 과정에 초점을 두는 것으로 파악한다.

둘째는, 발전되거나 수정되는 정체성의 구체적인 내용의 중요성은 개인과 사회·문화적 정체성 간에 다르다는 것이다. 즉, 개인 정체성의 구체적인 내용은

개인적으로 특이(idiosyncratic)하다는 점이다.

셋째는, 양문화주의의 타당성과 혜택이 원문화와 이주민을 받아들이는 문화에 따라서 다양하다는 것이다. 이주민들이 문화적응을 고려함에 있어서 각기 다른 나라와 민족집단에 의해 직면하게 되는 정체성 발달, 적응 그리고 사회적 진출에 대한 상이한 장애물의 현존을 인정해야만 한다는 점이다. 그리고 이주민들이 특히 소수민족인 동시에 집단주의적인 문화적 특성을 갖추고 있는 경우라면, 이주한 사회에서 그들은 외국인으로 인식되기 쉬울 것이다. 동시에 원문화의 개인들에게는 원문화를 잃어버린 개인으로 인식되기 쉽다는 점이다.

넷째는, 이주문화만을 수용하는 '동화'전략만을 강조하는 경우에는 물질남용(Gil et al., 2000)이나 성적인 위험(Ford & Norris, 1993)과 같은 자기파괴적인 행농(Mann, 2004)의 위험요인이 높다고 제시되고 있다. 고전적인 인류학과 사회과학에서는 동화를 통해 새로운 문화에 적응하는 것이 가장 효과적이고 건강한 적응방식이라고 제안하고 있지만, 이주자가 주류문화에서 인정받는 권한을 성취하였다고 해도 개인적 정체성에 위협을 주는 상실감은 흔히 경험될 수 있는 것으로 본다(Rogler et al., 1991, Pumariega et al., 2005 재인용).

참고문헌

네이버 영화 홈페이지(2013). 영화 '뷰티풀 차일드' 줄거리 요약.

씨네21리뷰 홈페이지(2013). '뷰티풀 차일드' 줄거리.

Berzonsky, M. D.(1990). Self-construction over the lifespan : A process perspective on identity formation. In G. J. Neimeyer & R. A. Neimeyer(Eds.). *Advances in personal construct theory*, *1*, 155-186. Greenwich, CT : JAI Press.

Bhugra, D., Bhui, K., Mallett Rosemarie, Desai, M., Sin gh, J., & Leff, J.(1999). Cultural identity and its measurement : a questionnaire for Asians. *International Review of Psychiatry*, *11*, 244-249.

Bourhis, R. Y., Moise, L. C., Perreault, S., & Senecal, S.(1997). Towards an interactive acculturation model : A social psychological approach. *International Journal of Psychology*, *32*, 369-386.

Erikson, E. H.(1968). *Identity : Youth and crisis*. New York : Norton.

Ford, K., & Norris, A.(1993). Urban Hispanic adolescents and young adults : Relationship of acculturation to sexual behavior. *Journal of Sex Research*, *30*, 316-323.

Gil, A., Wagner, E., & Vega, W.(2000). Acculturation, familism and alcohol use among Latino adolescent males : Longitudinal relations. *Journal of Community Psychology*, *28*, 443-458.

Kalin, R., & Berry, J. W.(1995). Ethnic and civic self-identity in Canada. *Canadian Ethnic Studies*, *27*, 1-15.

Padilla, A. M., & Perez, W.(2003). Acculturation, social identity, and social cognition : A new perspective. *Hispanic Journal of Behavioral Sciences*, *25*, 35-55.

Phinney, J. S., Horenczyk, G., Liebkind, K., & Vedder, P.(2001). Ethnic identity, immigration and well-being : An interactional perspective. *Journal of Social Issues*, *57*, 493-510.

Pumariega, A. J., Rothe, E., & Pumariega, J. B.(2005). Mental health of immigrants and refugees. *Community Mental Health Journal*, *41*(5), Oct, 581-597.

Serafini, T. E., & Adams, G. R.(2002). Functions of identity. *Identity, 2,* 361–389.

Seth J. S., Marilyn J. M., & Ervin, B.(2006). The Role of identity in acculturation among immigrant people : Theoretical propositions, empirical questions, and applied recommendations. *Human Development, 49,* 1–30.

Tajfel, H., & Turner, J. C.(1986). The social identity theory of intergroup behavior, In S. Worchel & W. G. Austin(Eds.). *The psychology of intergroup relations*(pp. 7–24). Chicago : Nelson–Hall.

10

CHAPTER

로봇 앤 프랭크 : 노년생활을 예측해 보다

1. 치매의 단계

2. 청년기 치매와 정신건강

CHAPTER 10

로봇 앤 프랭크[1)] : 노년생활을 예측해 보다

로봇 앤 프랭크(Robot & Frank, 2012년 개봉, 미국)는 제이크 슈레이어 감독의 SF 코미디 영화이다. 인간을 도와주는 가정용 로봇이 보편화된 가까운 미래. 평화롭다 못해 따분하기까지 한 전원생활을 보내던 전직 금고털이범 프랭크에게 귀찮은 불청객이 나타난다. 그것은 치매증상이 시작된 프랭크를 위해 로봇만능주의자 아들 헌터가 보내온 건강보좌관 VGC-60L이었다. 프랭크는 식습관부터 운동습관까지 일상에서 잔소리를 늘어놓는 로봇이 못마땅하다. 하지만 만약 건강관리가 실패하면 자기는 폐기처분될 것이라고 감정에 호소하는 협박솜씨가 귀여운 로봇에게 프랭크는 점차 따뜻한 감정을 느끼게 된다. 그러던 어느 날, 보석털이 시절 자신이 했던 방식으로 자물쇠를 따던 프랭크는 로봇이 자신의 전성기보다 더 빠른 속도로 열쇠를 따는 놀라운 광경을 목격하게 된다. 화려했던 전

1) 2012년 제이크 슈레이어 감독의 영화

성기를 떠올린 프랭크는 로봇에게 일생일대 마지막 보석털이를 제안하게 되고 실천에 옮기게 된다. 결국 프랭크는 정들었던 로봇친구와 떨어져 자녀들에 의해 요양원으로 가게 된다(네이버 영화 홈페이지, 2013).

주인공 프랭크와 같이 노년기에 이르게 되면 개인의지와 관계없이 치매를 앓을 위험에 노출되기 쉽다. 치매라는 말은 라틴어에서 유래된 말로서 '정신이 없어진 것'이라는 의미를 지니고 있다. 태어날 때부터 지적 능력이 모자라는 경우를 '정신지체'라고 부르는 반면, 치매는 정상적으로 생활해오던 사람이 다양한 원인에 인해 뇌기능이 손상되면서 이전에 비해 인지기능이 지속적이고 전반적으로 저하되어 일상생활에 상당한 지장이 나타나고 있는 상태이다. 여기서 인지기능이란 기억력, 언어능력, 시공간 파악 능력, 판단력 및 추상적 사고력 등 다양한 지적 능력을 가리키는 것으로 각 인지기능은 특정 뇌부위와 밀접한 관련이 있다.

수술 후 혼돈상태와 같이 의식의 장애가 있어 2차적으로 인지기능의 저하가 나타나고 있는 경우는 '섬망'이라고 하며, 치매와 구분된다. 과거에는 치매를 망령, 노망이라고 부르면서 노인이면 당연히 겪게 되는 노화현상이라고 생각했으나 최근 많은 연구를 통해 분명한 뇌질환으로 인식되고 있다. 흔히 치매를 하나의 질병으로 생각하고, 치매는 모두 똑같고 별다른 치료법이 없다고 속단해버리는 경향이 있다. 그러나 치매는 단일질환을 가리키는 말이 아니고 앞서 정의한 상태에 해당되는 경우를 통칭하는 것이다. 의학용어를 사용한다면 특정 증상들의 집합인 하나의 '증후군'에 해당되는 것으로 이러한 치매라는 임상증후군을 유발하는 원인질환은 세분화할 경우 70여 가지에 이른다. 다양한 치매 원인질환들 중에서 가장 많은 것은 '알츠하이머병'과 '혈관성 치매'이지만, 그 밖에도 루이체 치매, 전측두엽 퇴행, 파킨슨병 등의 퇴행성 뇌질환들과 정상압 뇌수두증, 두부외상, 뇌종양, 대사성 질환, 결핍성 질환, 중독성 질환, 감염성 질환 등 매우 다양한 원인질환에 의해 치매가 발생할 수 있다.

노인성 우울증은 겉으로 보기에 치매와 매우 흡사하다. 기억장애를 동반할 수 있으며, 평소에 해오던 일을 제대로 수행하지 못하여 이전과 같이 사회생활을 지속하기 힘들 수 있다. 그리하여 노인성 우울증을 일명 가성치매라고 부르기도 한다.

노인성 우울증은 치매와 달리 뇌병변이 없는 기능성 장애로 1년 이내에 겪은 사별이나 이별 등의 이유로 급성으로 발생하고 유발인자가 비교적 뚜렷하며 경과가 짧다. 초기에 인지기능의 저하보다 의욕저하, 불면, 초조감 등의 증상이 먼저 나타난다면, 노인성 우울증을 의심해야 한다. 병원에서 인지기능검사를 할 때도 치매환자들은 검사를 열심히 하려고 하나, 우울증 환자들은 귀찮아하거나 대충하려는 경향이 있다. 또한 인지기능의 저하를 호소하더라도 호소하는 정도에 비해 일상생활, 사회생활에 큰 문제가 없다. 비특이적인 신체적 증상을 자주 호소할 때 노인성 우울증이 아닐까 생각해 볼 필요가 있다. 노인성 우울증과 치매의 치료는 분명히 다르며, 노인성 우울증은 초기에 적절히 치료를 받을 때 거의 회복이 가능하다.

노인성 우울증을 제대로 진단하지 못하여 방치하면, 항우울제, 항불안제 등의 약물남용이나 알코올중독을 유발할 수 있으며, 이로 인해 2차적으로 치매를 유발할 수 있어 서로 다른 질환이지만 상호 영향을 미칠 수 있다. 주의해야 할 점은 알츠하이머병이나 혈관성 치매에서도 우울증을 동반할 수 있다는 사실이다.

환자의 행동만 보고 치매와 노인성 우울증을 구별하는 것은 쉽지 않다. 뇌병변이 있는지 여부에 대해 신경과 전문의의 진료 및 인지기능 평가와 뇌 MRI 등의 영상검사 이미지가 필요하다. 또한 일회성으로 진단하고 끝나는 것이 아니라 일정 기간 이상 정기적으로 경과를 관찰하고 약물로 조절할 필요가 있다. 노인성 우울증은 회복이 가능하고 경과가 좋으나, 치매는 진행되고 나면 회복이 어려우므로 조기에 감별하여 치료방향을 설정하는 것이 중요하다(서울대학교 병원 신경과 홈페이지, 2013).

치매의 일반적 증상 및 단계는 다음과 같다(한국치매가족협회 홈페이지, 2013).

지적 기능

- 사물의 이름이 제대로 나오지 않는다.
- 물건을 어디에 두었는지 잊어버리는 경우가 많다.
- 복잡한 TV 드라마 등이 이해되지 않는다.
- 계산을 할 수 없다.
- 전철에서 내리는 역을 지나가버린다.
- 메모를 하는 습관이 생겼다.
- 날짜와 시간을 잊어버린다.

일상생활기능

- 수도꼭지나 가스밸브를 잠그는 것을 잊어버린다.
- 늘 찾아가던 길을 잃어버린다.
- 옷매무새를 제대로 하지 못한다.
- 목욕, 머리감기, 이닦기 등을 하기 싫어한다.
- 냄비를 태운다.
- 약을 복용하는 것을 잊어버린다.
- 혼자 외출하는 횟수가 많아진다.

감정

- 감정의 변화가 심하다.
- 우울하거나 밖에 나가지 않는다

의시 및 의복

- 끈기가 없다.
- 흥미가 없이지고, 관심이 없다.
- 자신감이 없이졌다.

 치매의 단계

알츠하이머형 치매나 뇌혈관성 치매는 거의 같은 증상을 나타낸다. 처음에는 건망증으로부터 시작하여 시간, 장소를 이해하지 못하고 배회, 망상, 실금 등이 일어난다. 그러나 알츠하이머형 치매와 뇌혈관성 치매의 진행은 다소 차이가 있다.

1. 건망기

두통, 어깨결림, 피로감을 호소하고 무슨 일에도 관심이 없는 우울상태가 되는 경우가 많다. 특히 최근의 기억상실이 많고 같은 말을 되풀이한다. 계절, 날짜, 시간에 대해 어긋나는 경우가 많고 일상생활 행동에 혼란이 일어난다.

2. 혼란기

건망증이 심해져 대화를 제대로 하지 못한다. 그러므로 본인도 거짓말을 하려고 하는 것은 아니지만 말을 만들어 하게 되고 배회증상이 생기는 것이 이 시기이다. 또한 상대방에게 화를 내거나 공격적으로 되며 환각, 망상, 실금 등 가족들이 문제행동으로 인해 고통스러운 시기이다.

3. 치매기

자신의 이름, 출생지 등 단편적인 기억만 남아있다. 더불어 가족들의 얼굴을 인식하지 못하고 실금이나 연하곤란, 보행장애 등 신경증상이 나타난다. 신체적 기능저하로 인해 와상상태가 된다.

치매환자에 대한 가족의 대응법은 다음과 같다.

1. 마음의 균형을 맞춘다

치매는 뇌의 신경세포가 계속적으로 장애를 일으켜 생기는 상태이지만,

남아있는 건강한 신경세포가 대신 역할을 해줄 수 있다는 점을 기억한다. 노인이 실수했을 때 야단치거나 화내지 말고 기분전환을 시켜준다.

2. 감정의 교류를 가진다

치매노인은 기억이나 지능에 장애가 있으므로 일상생활에 장애를 가진다. 그러나 마음의 움직임은 기억이나 지능과 관계없는 감정의 움직임이므로 이러함 감정은 남아있다.

3. 기본적인 욕구를 충족시킨다

치매노인은 습관적으로 해오던 일상생활을 할 수 없게 된다. 그러므로 생활리듬을 잘 지켜주는 것이 중요하고 이렇게 함으로써 야간 이상행동을 줄일 수 있다.

4. 간호자의 건강을 지킨다

간호하는 사람이 건강하고 정신적으로 안정되는 것이 치매노인에게 좋은 영향을 미치게 된다. 간호자는 충분한 휴식을 취한다.

우리나라 치매환자는 약 45만 명 정도로 추산되고 있으며, 그중 약 70%가 배회증상을 동반하고 있다. 일반적으로 치매당사자가 판단력 및 기억력 상실로 인해 배회시간이 장기화될 때 1차 보호기관인 경찰서나 파출소에 보호되어도 신분증을 소지하지 않거나 의사전달능력이 떨어져서 신원이 확인되지 않아 2차 보호기관으로 옮겨지면 가족들은 애타게 찾게 된다. 따라서 사전에 배회구조를 등록해야 할 필요가 있다.

배회구조 신청을 하면 ① 배회등록고유코드(배회구조팔찌에 기록)번호를 부여하여 인적 사항, 신체정보 등이 한국치매가족협회의 '배회치매환자 관리 프로그램'에 등록된다. ② 등록된 배회구조용 팔찌를 착용한 후 치매환자가 실종되면 1차 발견한 곳에서 182(신고전화), 파출소, 부랑자 보호시설, 일시보호소(서울시 부녀보호소 등) 등을 통해 한국치매가족협회로 실종신고전화가 온다. ③ 한국치매가족협회의 실종신고전화(02-431-9993) 접수는 연중무휴 24시간 직원이 대기하고 있으며, 환자를 보호한다는 신고를 받으면 즉시 가족에게 연락하여 인계할 수 있도록 안내받는다. ④ 한국치매가족협회의 배회구조팔찌는 고유번호로만 표시되어 있기 때문에 개인의 인적 사항 노출에 따른 프라이버시를 보호할 수 있다. ⑤ 배회구조팔찌는 일반팔찌처럼 디자인되어 있고, 치매노인이 혼자서는 풀 수 없도록 특수안전장치가 되어 있어 분실할 염려가 거의 없다. ⑥ 가족에게 인계 후에도 가족상담을 통하여 치매상담 및 관련자료 제공 등의 종합적인 정보를 제공받을 수 있다.

2. 청년기 치매와 정신건강

오늘날 치매는 노인성 질환이라는 통념과 달리 20~30대 청년층 치매환자가 매년 증가하고 있다. 전문가들은 서구화된 식생활과 운동부족, 음주 및 우울증 등을 주요 원인으로 설명하고 있다. 2012년 12월 24일 국민건강보험공단의 '연령대별 치매관련 진료인원 현황'(2006~2011년)을 제시하였다. 이에 따르면, 20~30대 청년층 치매환자는 지난 2006년 152명에서 2011년 288명으로 약 89.5% 증가하였다. 20대의 경우 2006년 42명에서 2011년에는 66명으로 약 57.1% 증가했다. 30대의 경우 2006년 110명에서 매년 증가한 뒤 2011년 222명으로 약 101.8% 증가했다. 40~50대의 치매환자도 매년 증가하고 있는데 2006년 3,945명에서 2011년 7,546명으로 약 91.3% 증가하였다고 한다.

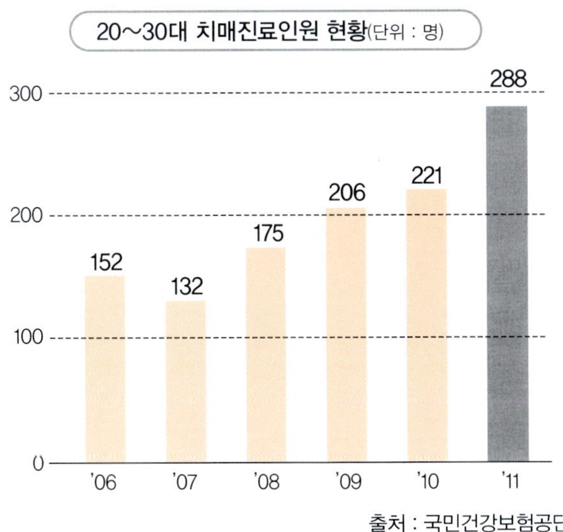

출처 : 국민건강보험공단.

보건복지부에 따르면, 치매로 인한 연간 총 진료비는 2010년 기준으로 8,100억 원이며, 1인당 진료비는 연간 310만 원으로 5대 만성질환보다 높다. 5대 만성질환 진료비는 뇌혈관질환(204만 원), 심혈관질환(132만 원), 당뇨(59만 원), 고혈압(43만 원), 관절염(40만 원) 수준이다. 이와 함께 치매로 인한 사회 · 경제적 손실도 심각한 수준이다. 총 치매비용은 연간 8조 7000억 원(2010년)으로, 10년마다 두 배씩 증가하는 것으로 추정돼, 2020년에는 18조 9000억 원, 2030년에는 38조 9000억 원으로 예상된다.

국민건강보험공단 ○○병원 치매예방센터 관련전문가는 '20~30대 젊은 층의 치매는 원인이 다양한데 서구화된 식생활, 운동부족 등으로 고혈압이나 당뇨 등이 생겨 혈관성 치매가 올 수 있으며, 알코올이나 우울증에 의해서도 치매가 올 수 있고 노인성 치매의 유전성 경향 때문에 일찍 발생하기도 한다'고 말했다. 또한 뇌졸중이나 자가면역 질환, 염증성 질환, 갑상선이나 대사에 장애가 있어도 치매현상이 나타날 수 있다고 한다. 따라서 전문가들은 치매를 예방하기 위해 1주일에 3~4번 30분에서 1시간 정도 약간 땀이 날 정도의 운동을 하는 것이 바람직하며, 음주 및 흡연을 삼가고 당뇨 및 고지혈증 등에 대한 정기검진을 권고하고 있다(문화일보, 2012.12.24).

참고문헌

네이버 영화 홈페이지(2013). 영화 '로봇 앤 프랭크' 줄거리 요약.

문화일보(2012.12.24). '치매는 노인병' 옛말… 20~30대 환자 5년새 90% 증가, 40~50대도 90% 넘게 늘어… 서구화된 식생활 · 음주 탓.

서울대학교 병원 신경과 홈페이지(2013). 자료실.

한국치매가족협회 홈페이지(2013). 자료실.

김현경
이화여자대학교 사회복지학과 임상실천분야 박사 졸업
현 호원대학교 사회복지학과 부교수
서울시남부지방법원 가사조정위원

〈주요 저서〉

1. 현상학으로 바라본 새터민(탈북이주자)의 심리적 충격과 회복경험(2009.1.1). 한국학술정보(주)
2. 영화와 다큐로 이해하는 사회복지 이슈들(2011.5.30). 한국학술정보(주)

〈주요 논문〉

1. 남한입국 무연고 북한이탈청소년의 변화되어가는 삶의 기대에 관한 질적 연구(2013.6.30). 미래청소년학회지, 10(2).
2. 북한이탈주민의 결혼행복감에 관한 연구(2012.4). 사회과학연구, 38(1).
3. 범죄피해자의 심리적 외상(PSYCHOLOGICAL TRAUMA) 이후 용서체험(2011.6.20). 한국사회복지질적연구, 5(1).

영화로 이해하는 사회복지이야기

| 저자 | 김현경

| 1판 1쇄 | 인쇄 2014년 2월 10일
| 1판 1쇄 | 발행 2014년 2월 15일
| 발행인 | 김동훈
| 발행처 | 공동체

| 주소 | 410-817 경기도 고양시 일산동구 호수로 358-39, 동문타워 I 905호(백석동)
| 전화 | 031)920-8305(대표)
| 팩스 | 031)920-8308
| e-mail | compub@naver.com
| 출판등록 | 2005년 10월 6일
| 등록번호 | 제396-2005-6호

| ISBN | 978-89-6352-599-0
정가 14,000원